ENDOSOS

Algunas veces, las polémicas antagonistas se caracterizan por etiquetar a su oponente con el ejemplo más extremo de entre quienes comparten puntos de vista similares. Cada demagogo en campaña y orador en el púlpito trata de conseguir partidarios a costa de otros, usando amplias controversias como herramienta favorita. Así como Goldilocks (la heroína del cuento de los tres osos) tuvo que *luchar* para encontrar la avena que no estuviera ni muy caliente, ni muy fría sino con la temperatura exacta, suele ser igual de desafiante encontrar una perspectiva que sea "justa" en medio de una atmósfera polémica y emocionalmente saturada.

La *glosolalia*, que es el "hablar en lenguas", ha sido un tema muy atrayente a través de los siglos. Fue víctima de amplias polémicas y generalizaciones excesivas de ambos grupos, los "pro" y los "contra". La atracción hacia los extremos es casi irresistible: la negligencia degradante junto a la censura directa por un lado, y el énfasis excesivo y la sobrevaloración por el otro. Se vuelve difícil encontrar la *avena* que esté a la temperatura exacta.

En este trabajo, Steve Bremner aborda algunos ajados mitos, rumores infundados y tergiversaciones sobre el don de lenguas. Él no se disculpa por su herencia Pentecostal en teología y en experiencia personal. Con un estilo muy fácil de leer, Steve defiende el valor espiritual de hablar en lenguas mientras evita que este don sea visto como el estándar de un supuesto nivel de espiritualidad avanzada –un problema crónico en muchos ambientes pentecostales. Este libro no es estrictamente teológico así que los académicos pueden encontrarle fallas. Sin embargo, para quienes buscan un manual "accesible" sobre hablar en lenguas y con una perspectiva a favor, les recomiendo este trabajo de mi buen amigo Steve Bremner.

Dr. Stephen R. Crosby
Stephanos Ministry
Monroe, NC
www.stevecrosby.org
www.stevecrosby.com

En esta época de tanta ignorancia, malos entendidos y controversias con respecto al fenómeno Pentecostal de hablar en lenguas, Steve Bremner le hace al Cuerpo de Cristo un gran servicio al lidiar con las mentiras que dificultan a muchos recibir y funcionar en este lenguaje celestial sagrado. La tendencia básica de la naturaleza humana es rechazar lo que no entendemos. Permítele a este libro darte una oportunidad para abrir los ojos de tu entendimiento y arrojar una nueva luz en este asunto de vital importancia.

Bert Farias
Holy Fire Ministries

Aunque todavía no conozco a Steve en persona, hemos hablado e interactuado bastante por internet, y debo decirles lo siguiente: el tipo que escribe este libro es el mismo con quien hablo en la vida real. Él escribe lo que vive, y vive lo que escribe. Es inteligente, divertido, accesible y con los pies sobre la tierra. Steve hace que la verdad sobre Dios, la teología y la vida sean claras y simples, sin descuidar el conocimiento para quienes tienen una mentalidad teológica.

Es un libro de lectura divertida. Mientras lo leía, hubo veces que me hizo acordar a mi propia vida —como cuando pasé de una denominación no pentecostal/carismática (Bautista, en mi caso; Plymouth Bretheren la de Steve) a una corriente carismática sin denominación, interactuando con amigos de ambas clases de antecedentes, cometiendo los mismos errores que algunos de los amigos de Steve en su historia, observando mi vida y la de otros al ser impactados por este don, y luego pudiendo ayudar a muchos a recibir este aspecto del ministerio del Espíritu Santo, al guiarlos a través de las mismas verdades que encontramos aquí.

En este libro, Steve supera las dificultades más comunes que la gente tiene para hablar en lenguas, al explicar las Escrituras relevantes de manera simple y precisa, con toques de humor y anécdotas de su propia vida, todo en la medida justa. Entonces, si quieres aprender más sobre hablar en lenguas –ya sea que creas o no que es para ti– este libro es un buen lugar para comenzar. Si crees en el don de hablar en lenguas pero tienes dificultad en recibirlo, este es un gran libro que te ayudará a vencer los obstáculos más comunes que las personas encuentran. Prepárate para recibir este don, de la misma forma que recibimos todas las cosas buenas que Dios nos da –por gracia a través de la fe.

¡Gran trabajo Steve! ¡Continúa haciéndolo!

Joshua Greeson
Autor de *God's Wiil Is Always Healing*

Está bien, lo entiendo. Quizás para ti hablar en lenguas es espeluznante, o piensas que es demasiado extraño para tu gusto. Al mismo tiempo, tal vez sientes que tiene que haber "algo" en todo esto. El libro de Steve Bremner te ayudará a descubrir la sólida verdad sobre hablar en lenguas. Y no lo hará forzándote sino dándote la información de manera amorosa. Te alegrarás de leer este libro, aun si lo hicieras con el mero fin de informarte. Es fácil de leer y para nada aburrido. De hecho, si ya hablas en lenguas, te servirá para entender algunos interesantes puntos en los que quizás no hayas pensado antes. Además, cuando estés con quienes no entienden las lenguas, tendrás excelentes consejos para compartir. Disfruta la lectura mientras aumenta tu conocimiento para la vida.

Dr. Shane Wall

Autor de *Understanding*

Hablar en lenguas no es tan extraño o raro como piensas. De forma admirable, Steve elimina el miedo que impide a muchos disfrutar uno de los dones más bellos que Dios nos ha dado, al concentrar su experiencia en una enseñanza fresca y simple de identificarse con ella.

Jeremy Mangerchine
Autor de *The Longest Bridge Across Water*

Jesús profetizó en Marcos 16:17 que todos aquellos que creen en Él hablarán en lenguas. Tan sólo unos pocos días después de que pronunciara esas palabras, Su promesa se cumplió. En Hechos 2:1-4, vemos como en la iglesia prototipo de Dios –la primera de todas–, todos "comenzaron a hablar en diferentes lenguas, según el Espíritu les concedía expresarse" (NVI). Nadie fue excluido. Sin embargo, a lo largo de la historia y debido a personas bien intencionadas pero confundidas dentro del Cuerpo de Cristo, muchas mentiras se levantaron sobre este don de Dios (y la mayoría o todas ellas, en el último siglo).

Afortunadamente, Dios envió otro *don* a la iglesia –un hombre llamado Steve Bremner– quien con tacto, sabiduría, Escrituras y sensibilidad, abordó con maestría las mentiras más comunes que la gente cree. Si alguna vez tuviste alguna pregunta sobre hablar en lenguas, o si has sido desafiado por tus creencias, este libro de seguro te dará la confianza que necesitas para avanzar en tu fe y aun para llevar a otros a la experiencia que llamamos el Bautismo en el Espíritu Santo.

Art Thomas
Misionero-Evangelista
Director de Wildfire Ministries International

No es fácil abordar un tema tan controversial y complejo como hablar en lenguas. Steve ha sido valiente al tratar este asunto tan intenso, de forma tal que nos aliente en lugar de hacernos sentir juzgados o condenados. Él expone algunos conceptos erróneos de estado crítico, que muchos ni siquiera sospechamos tener, pero que deberíamos estar encantados de poder sacarlos de nuestra teología. Su meta es clara en su deseo de ayudarnos a acercarnos más a Jesús y disfrutar de los dones que nos ofrece. Este importante trabajo ha hecho crecer mi entendimiento.

Jesse Birkey
Autor de *Life Resurrected: Extraordinary
Miracles through Ordinary People*

Opinar que el cristianismo sobrenatural ha muerto sugiere inconscientemente que Dios le dio mejores dones a los santos en la Biblia de los que nos da hoy, como si Dios dijera: "Lo siento, veo que necesitas ayuda, pero sólo ayudé a quienes vivieron a mí cuando estaba escribiendo la Biblia." Nunca nos imaginaríamos a Dios diciendo algo así a su pueblo, pero es exactamente lo que implica el *cesacionismo*. Nuestro Dios es sobrenatural y nos ama tanto hoy como lo hizo con Sus discípulos el día que Él derramó Su Espíritu sobre ellos. Los 120 empezaron a hablar en lenguas que nunca habían aprendido. Esa declaró que Dios trascendería la comunicación para que Su poder y amor pudieran llenar la tierra. Hablar en lenguas es esencial para la expansión del Reino de Dios. Es un don fundamentalmente clave para cada creyente.

Steve Bremner es un hombre que personifica este don. Él escribe desde sus vivencias y comparte en este libro ideas muy necesarias para el entendimiento y activación de este don.

Dave Edwards
Pastor de Avivamiento,
Bethel Atlanta School of Supernatural Ministry,
Autor de *Activating a Prophetic Lifestyle*

NUEVE MENTIRAS QUE LA GENTE CREE SOBRE HABLAR EN LENGUAS

DESCUBRE LA VERDAD BÍBLICA SOBRE EL POLÉMICO DON QUE DIOS DA LIBREMENTE

STEVE BREMNER

Traducido por
VICTORIA JONES

FIRE PRESS

Derechos de Autor 2016 – Steve Bremner

Todos los derechos reservados. Este libro está protegido por las leyes de derechos reservados de los Estados Unidos de América. Este libro no puede ser copiado o reimpreso para ganancia comercial o beneficio. Se permite usar pequeñas citas o copia de una página ocasional para estudio de un grupo o persona. El permiso se dará al solicitarlo. A menos que indique lo contrario, todas las Escrituras son tomadas de la versión Reina Valera Edición 1960. Todos los derechos reservados. Los énfasis en las Escrituras son propios del autor.

Portada diseñada por Jose Aljovin

Traducido por Victoria Jones

Traducción editada por Marcos García

ISBN 10 TP: 1-58502-049-4

ISBN 13 TP: 978-1-58502-049-2

PREFACIO

Algunos autores se refieren cariñosamente a sus libros como *sus bebés*, y esto cobra una relevancia especial para mí en este trabajo. Al momento de escribir este prefacio, tengo una hija, una niña increíblemente hilarante. Creíamos que vendría al mundo dos días antes de lo que en realidad nació.

Un lunes en la mañana fuimos a ver al doctor para, lo que suponíamos, sería un chequeo de rutina y asegurarnos que la preocupación de Lili no fuera nada alarmante. Nuestro doctor estaba de vacaciones, después de todo, aún faltaban dos semanas para la fecha que esperábamos el nacimiento, así que tuvimos que ver a otro doctor. Este doctor nos animó a empezar con todos los protocolos necesarios, debíamos prepararnos para una cesárea. Eso no era nada bueno, ya que no estábamos listos para algo distinto a un parto natural, y si íbamos a tener a Jemina ese día, tampoco estábamos preparados financieramente. Este doctor en particular no se mostraba dispuesto si quiera a intentar el parto, más bien estaba decidido a proceder con la cesárea.

Fingí tener un español escaso (pero en realidad mi español es muy fluido), así que llamamos a nuestra amiga y líder Anna Burgess para que viniera al hospital a traducirme. Lo que yo realmente pretendía, era que nos acompañara alguien que hubiera naufragado el confuso mundo de los hospitales peruanos y sus nacimientos, y que nos trajera un poco de paz con su presencia. Fui al cajero automático más cercano y saqué todo el efectivo que teníamos en nuestra cuenta bancaria para pagar la factura, creyendo en fe que Lili tendría a Jemina por parto natural y sin tener que abrirle su vientre.

Para la hora del almuerzo, estábamos tan agotados que parecía como si hubieran pasado largos días de estrés e incertidumbre, en lugar de sólo unas pocas horas. Lili no estaba dilatando lo suficiente como para dar a luz, y yo sentía que este doctor sólo quería hacer la cesárea para quedarse con nuestro dinero. En medio de ese momento de tanta presión y confusión en el que aparentemente íbamos a traer a nuestra primera hija al mundo, los tres nos tomamos un instante para orar y escuchar la pequeña y suave voz del Espíritu Santo. Fue entonces cuando los tres sentimos que ese no era el tiempo, y que no cederíamos ante ninguna presión por parte del doctor a quien, por si fuera poco, habíamos conocido apenas esa mañana. Lili se vistió y decidimos tomar un taxi para ir a otro hospital en busca de una segunda opinión. Esta vez optamos por ir al hospital donde Anna había dado a luz a su hijo menor hacía algunos años.

Primero necesitábamos comer, pues Lili no había comido desde temprano en la mañana, y si en este segundo hospital decidían que no podría dar a luz naturalmente y tendría que tener el bebé recién en la tarde, estaría sin fuerzas después de casi todo el día en ayunas. Mientras nos sentábamos en un restaurante Chifa (la versión peruana de comida china que, por cierto, debes probar), Anna me prestó su iPhone para chequear mis correos electrónicos y mensajes de Facebook. Ahí fue cuando leí una nota de un amigo.

Parafraseando su mensaje, nos decía que Lili sentiría contracciones en las últimas semanas antes del nacimiento, que no debía preocuparse y que no era necesario apresurarnos en ir al hospital. Agregó que por ser padres primerizos, era posible que no supiéramos que Lili podría tener contracciones durante los días previos al parto, que estaríamos tentados a salir corriendo al hospital, y en un momento así, seguirían los protocolos y las posibilidades de una cesárea aumentarían. Además dijo que sentía escribirnos ese mensaje para hacernos saber que cuando Lili estuviera lista para dar a luz, *ella lo sabría* y no necesitaría un médico para convencerla.

Inmediatamente le contesté indicando que recibimos su mensaje como una confirmación del Señor, pues estábamos precisamente en ese torbellino en la que casi cedemos ante la presión del doctor. Más tarde, cuando ya estábamos en casa y con acceso a internet, escribí a este amigo contándole con más detalle lo que había pasado y por qué su mensaje llegó en un momento tan oportuno para nosotros.

Esta fue su respuesta:

> Sólo quería hacerte saber que terminé de leer tu libro y lo disfruté muchísimo. Estoy realmente animado a orar más en el Espíritu y revisaré algunos de los recursos del final del libro. Lo interesante es que, ese día que te escribí por Facebook, acababa de pasar parte del tiempo de mi almuerzo orando en lenguas dentro de mi auto en el estacionamiento, y cuando terminé, sentí decirles que esperaran para dar a luz. Realmente ni siquiera pensé que fuera "una palabra del Señor" o algo así, pero era fuerte en mi corazón y sentía que debía escribirte. Así que también fue muy alentador para mí.

Esto me animó tanto –obviamente. Verás, este amigo había apenas terminado de leer una copia previa del mismo libro que estás leyendo ahora. Este fue el primero de muchos testimonios que empecé a escuchar de personas que lo habían leído. El año pasado ha sido sólo un vistazo del impacto que el Señor traerá a la Novia de Cristo a través este libro.

Dos días después, el miércoles por la noche, terminamos por ver al doctor que iba a traer al mundo a Jemina. Y, en caso de que estés preguntando, sí, Lili tuvo una cesárea, pero no sin que antes el doctor intentara un parto natural. Después de dos horas de trabajo de parto y con Lili no pudiendo aguantarse más, nos sentimos tranquilos de seguir adelante con la cirugía. Y menciono esto porque, habiendo tenido dos días más, nos dio tiempo suficiente para hacer una campaña para recolectar fondos y pedirle al Cuerpo de Cristo que nos ayudara en nuestra situación, y nos sentimos bendecidos y humildes con la abundante ayuda financiera que la gente ofreció.

Exactamente dos semanas más tarde y en el mismo día que primero habíamos previsto el nacimiento de Jemina, auto publiqué este libro en Amazon.

Steve Bremner
3 de Abril de 2015

INTRODUCCIÓN

POR QUÉ ESCRIBÍ ESTE LIBRO

Hace aproximadamente un año cuando comencé a escribir *Nueve Mentiras que la Gente Cree Sobre Hablar en Lenguas,* no creía que hubiera muchos libros de "revelación fresca" acerca del poder de hablar en lenguas aparte del libro de Dave Roberson, *The Walk of the Spirit, The Walk of Power: The Vital Role of Praying in Tongues (El Camino del Espíritu, el Camino del Poder: El Rol Vital de Orar en Lenguas).* Si bien podría haber desarrollado este libro para llenar ese vacío, no pretendo pensar que estoy en esa misma liga de hombres, como mi amigo Brian Parkman (quien me presentó a Roberson), pues ambos han pasado décadas orando en lenguas diariamente – hombres que han estado haciendo esto por más tiempo del que yo llevo de vivir.

He leído muchos libros que me impactaron y me dieron algunos bocados poderosos de alimento por aquí y otros por

INTRODUCCIÓN

allá, pero estoy convencido de que no hay otro como el libro de Roberson, cuyo nacimiento fue producto de veinticinco años de orar diariamente en lenguas. También soy consciente que, teniendo unos cincuenta o sesenta años, podría escribir un mejor libro del que escribo ahora, porque con el tiempo habré mejorado el don de escribir. Pero ardo en el deseo por atraer a tantas personas como sea posible hacia este maravilloso don y que no pierdan tiempo al no ejercitarlo cada día.

Cada vez que me sentaba a escribir y pasaba días o tardes trabajando en el libro, me quedaba estancado y me demoraba, pues tenía que entrar en un ángulo más teológico si quería que algunos conceptos fueran más efectivos. Y no era precisamente lo que prefería, ya que este libro debía ser amigable y accesible, y de la mitad de la extensión que resultó tener. *Nueve mentiras* no tiene la intención de ser un libro académico de alto nivel, aunque sí consulté esa clase de bibliografía para que mis datos fueran lo más exactos posibles. Además, les escribí a algunos hombres de Dios que tienen mucho más conocimientos del Nuevo Testamento en Griego y les pedí su crítica para ayudarme a mantener este libro alineado a las Escrituras pero sin traicionar el enfoque familiar y amigable que deseaba que tuviera.

Durante el 2013 me encontré un tanto atrapado por el "bloqueo de escritor", causando que este libro estuviera en pausa por varios meses. Pero se terminó ese mismo año cuando se llevó a cabo una conferencia evangélica llamada *Fuego Extraño*. La conferencia, básicamente, consistía en atacar a los carismáticos en general e insistía en que ninguno de los dones del Espíritu Santo son para hoy. Este libro *no* se trata sobre todos los dones del Espíritu Santo, creo que hay otras obras mejores que puedo señalar al respecto. Sin embargo, una de las cosas que he notado al leer los debates en los foros de Internet sobre este tema, así como en comentarios de mi blog, correos electrónicos personales que recibido y conversaciones que tuve, es que las personas están convencidas de tener la razón sobre ciertos aspectos del don de hablar en lenguas, *incluyendo* muchos conceptos erróneos, algunos de los que ya escribí en un primer borrador de este libro.

La conferencia *Fuego Extraño*, así como todas las cosas que provocó en internet durante ese tiempo, ayudaron a encender una llama en mí que impulsó la finalización de este proyecto para presentarlo como un aliento al Cuerpo de Cristo. Y no sólo eso, sino también el hecho de que una de las primeras búsquedas en Google que lleva a la gente a mi blog es la frase "las lenguas son el menor de los dones". De hecho, las publicaciones más importantes en el blog de mi sitio personal, tratan sobre el hablar en lenguas, lo que me indica que este libro es *muy* necesario hoy.

Es mi esperanza y oración que las personas en búsqueda de respuestas sobre *glosolalia* y *charismata* entren en contacto con este libro. Si ese no eres tú, ¿harías el favor de darle una copia a alguien que conozcas? Dependiendo a quién le preguntes, puedes encontrar grupos de cristianos que creen que no eres salvo si no hablas en lenguas. Al menos, eso es lo que escuché a la gente decir, pero honestamente nunca me he encontrado con alguno de ellos. Quizá encuentres otros que digan "los dones sí son para hoy, pero no para todo el mundo". Otros dicen no son para hoy y que si encuentras a alguien hablando

INTRODUCCIÓN

en lenguas hoy, es que está poseído por demonios. Ojalá pudiera aclarar que estaba bromeando con el último caso y que nunca he oído al respecto.

Jesús dijo al final del Evangelio de Marcos:

> *Y estas señales seguirán a los que creen: En mi nombre echarán fuera demonios; hablarán nuevas lenguas; tomarán en las manos serpientes, y si bebieren cosa mortífera, no les hará daño; sobre los enfermos pondrán sus manos, y sanarán. (Marcos 16:17-18)*

Me di cuenta que estos versículos no dicen nada más de lo que es obvio. Si eres un creyente, estas cosas pasarán en tu vida al dar testimonio del evangelio. Si fueras salvo recientemente y nunca antes leíste la Biblia, ¿acaso no tomarías estos versículos tal como están y asumirías que significan lo que dicen? Jesús no dijo que estas señales acompañarían solamente a los discípulos; Jesús no puso un límite de tiempo u otro calificativo que no sea "los que creen"; tampoco dijo que sólo algunas señales que acompañan a los creyentes, o que no fueran para todos los creyentes, ni cualquier otro calificador que queramos poner.

Realmente es bastante simple.

Entre todas las señales que seguirían a los creyentes está el hablar en lenguas. Entre ellas están los milagros de sanidad física, cuando las personas se recuperan al orar los cristianos por ellos. Pero hemos complicado este simple concepto en lugar de mantenerlo claro. Hay una división entre los creyentes del Cuerpo de Cristo, pues algunos no están de acuerdo con estas señales que el mismo Jesús dijo que acompañarían a Sus seguidores. A esto, los cesacionistas pueden decir "Si, eso parece ser lo que Jesús dijo aquí, pero los manuscritos más viejos del Nuevo Testamento no incluyen estos versículos del Evangelio de Marcos, así que no deberíamos tomarlos tan en serio o ponerle un prendedor y colgar allí nuestros sombreros teológicos". Y ese es un buen punto. Afortunadamente, sólo necesitamos mirar la carta de Pablo a los Corintios, y el relato de Lucas en los Hechos de los primeros apóstoles, para recoger más información al respecto.

R.T. Kendall declara en su reciente libro sobre el Espíritu Santo:

> No pretendo ser injusto, pero llevo mucho tiempo sospechando que, si no fuera por el don de lenguas, muchos evangélicos (muchos de los cuales no son cesacionistas) no tendrían objeción alguna a los dones del Espíritu. El estigma (ofensa) no es con respecto a la sabiduría; ¿quién no quiere o necesita sabiduría? No es con respecto a tener palabras de conocimiento, el don de fe, profecía, discernimiento de espíritus, lo milagroso o sanidad. La ofensa es invariablemente el hablar en lenguas. ¿Por qué? Como dice mi amigo Charles Carrin, las lenguas es el único don del Espíritu que desafía nuestro orgullo. No hay estigma apegado a ninguno de los demás dones, sólo a las lenguas.[1]

Y por eso siento que mi libro es tan necesario hoy. Por un lado quiero ayudar a remover el estigma que rodea al don de lenguas pero también, a clarificar los conceptos erróneos que impiden a las personas caminar en la plenitud de las dimensiones que este don desbloquea.

Muchas de las mentiras que vamos a desmantelar son en realidad cosas que me han dicho, enviado por e-mail, o comentado en las redes sociales como respuesta a publicaciones que compartí. Oh, y más importante aún, también incluye cosas que yo mismo creía antes de recibir el Bautismo del Espíritu Santo el 9 de Septiembre del 2001. Creo que haber pasado algunos años de cristiano *sin* el don de lenguas, seguido de años de uso del don para la edificación personal, me ayudan a tener alguna revelación que puede hacer valioso este libro para los lectores que anhelan una vida espiritual más profunda. Estas experiencias también me dotaron de paciencia y comprensión para quienes buscan y no entienden por qué aún no han recibido o que no saben "cuál es el impedimento."

Dado que la mayoría de las mentiras y conceptos erróneos a los que me refiero en este libro son cosas que muchos evangélicos creen y enseñan, el lector podría confundirse fácilmente al pensar que este es un libro "carismático" o "pentecostal". Sería fácil ver mi perspectiva de esa manera, puesto que generalmente esos grupos y denominaciones tienen una postura a favor frente a las lenguas y los dones espirituales. Sin embargo, los carismáticos y pentecostales tampoco se salvan aquí, ya que algunos en estos grupos hacen cosas bastante tontas y no bíblicas, las cuales también cubriremos en estas líneas.

Este libro está dividido en tres secciones. La primera sección contiene mi testimonio personal, —o al menos las partes que son relevantes para que entiendas por qué este libro está listo para saltar de mi. En la segunda y más extensa porción de este libro, que también es la sección principal, cubriré muchas de estas mentiras. La tercera parte tratará algunos de los beneficios de orar en lenguas con regularidad y ciertas revelaciones que siento serán de beneficio para aquellos que desean profundizar en esto. Las tres secciones tienen mis historias personales intercaladas con un poco de mi humor, lo cual espero no te importe, porque, seamos sinceros, hay mucho humor cuando de hablar en lenguas y experiencias ajenas se trata.

Así que, sin más antecedentes, comencemos.

---

1. 1 R.T. Kendall, Holy Fire A Balanced, Biblical Look at the Holy Spirit's Work in Our Lives (*Fuego Santo: Una Mirada Equilibrada y Bíblica a la Obra del Espíritu Santo en Nuestras Vidas*). Charisma House, Posición 927, Kindle.

SECCIÓN UNO

MI HISTORIA PERSONAL

CAPÍTULO 1

MI PRIMERA EXPERIENCIA

EL COMIENZO DE UNA AVENTURA

Tenía unos cinco años cuando mi familia se mudó a Peterborough, Ontario, hogar del legendario músico Tom Connors y lugar de nacimiento de muchos jugadores de Hockey de la NHL, como Mike Fisher. Una familia que vivía a la vuelta de la esquina se nos presentó inmediatamente. Eran cristianos y personas muy agradables de quienes no recuerdo nada negativo. Cuando comencé el primer grado y mi hermanito tenía edad suficiente para caminar, mi mamá contrataba una niñera llamada Irene, quien vivía en la misma calle un poco más arriba. Irene, su esposo, y su hija también eran cristianos. Ambas familias iban a la misma iglesia, que quedaba a unas calles de nuestras casas.

La familia que nos cuidaba a mi hermano y a mí, cada semana tenía lecciones de Biblia en el salón de recreo de su sótano, algunas veces dirigidas por Doreen, la madre de la primera familia, aunque la mayoría de las veces había otra dama llamada Diane. Ese año, en algún momento del invierno, empecé a ir cada semana a la casa de mi niñera con otros niños del vecindario, y fui expuesto al verdadero evangelio.

Fui a la escuela dominical hasta la escuela secundaria. En los últimos grados y hasta la secundaria, asistí al grupo de jóvenes casi todos los viernes en la noche y realmente no leía mucho la Biblia, aunque tenía una muy bonita. Simplemente la llevaba a la escuela dominical y buscaba los pasajes que los profesores nos hacían leer. Aparte de eso, no usé mucho mi Biblia y permaneció como nueva durante los siguientes diez años.

Alrededor de los quince, durante el final de los 90s, me tomé en serio seguir a Dios, gracias a la influencia de los nuevos pastores de jóvenes que empezaron a servir en nuestra iglesia. Se podría decir que acepté a Cristo desde temprana edad, porque "oré" un día de camino hacia la enseñanza Bíblica en casa de mi niñera. Pero, ante el Señor, sé que verdaderamente me rendí a Él a los quince años, y fue entonces cuando verdaderamente comenzó la aventura.[1]

Este Pastor de jóvenes y su esposa tuvieron un tremendo impacto en mí esa etapa y, aun cuando perdí contacto en la siguiente década, permanecí comunicado con ellos a través de redes sociales. Sin embargo, durante ese tiempo de mi vida, había estado asistiendo por casi diez años a la mima iglesia evangélica, sin un compromiso real con Cristo. Prácticamente, mis padres me arrastraban cada domingo sin que me resistiera mucho en el proceso. No había tenido mucha exposición o influencia por parte de otras iglesias externas para siquiera darme cuenta que había alguna diferencia entre nuestra iglesia y cualquier otra corriente evangélica.

¿QUÉ ES UN "PENTECOSTAL"?

En el onceavo grado, seis meses después de haberme entregado completamente a Cristo, participé activamente en el grupo cristiano de mi escuela secundaria, que tenía entre cuarenta y cincuenta seguidores de Jesús. El liderazgo estaba formado por seis estudiantes del último año y a punto de graduarse, quienes me invitaron a ser una de las personas que tomaría el liderazgo el año siguiente. Cada uno de los seis líderes representaba diferentes denominaciones e iglesias, y estoy casi seguro que esa fue la primera vez que oí la palabra *Pentecostal*. Sin embargo, en ese momento esa palabra aun no significaba nada para mí.

A los diecisiete años comencé a participar en más eventos interdenominacionales, donde una y otra vez escuchaba cosas sobre esos "Pentecostales," pero por ese entonces aun no pensaba mucho en ello. Entonces una noche estábamos de pijamada en la casa del pastor de jóvenes –los chicos estábamos en la planta baja con él y las chicas arriba con su esposa. Recuerdo que de alguna forma terminamos teniendo un tiempo de preguntas y respuestas informales donde alguien le preguntó al pastor cuáles eran las diferencias entre nosotros –lo que sea que fuéramos– y los Pentecostales. Él dio ejemplos de lo que nos diferenciaba, como la sanidad por *fe* y los estilos de adoración, pero algo me llamó la atención, dijo: "Los Pentecostales no creen que seas salvo hasta que hables en lenguas."

¿Hablar en lenguas? Había notado esa frase en la Biblia varias veces ahora que la leía con más frecuencia, como en el libro de Hechos y en la carta de Pablo a los Corintios. Pero como no era algo que hubiera visto pasar de ninguna forma en mi iglesia o con otros cristianos, simplemente no le ponía atención cada vez que lo leía en mi Biblia. Pero esta pregunta del joven nos llevó a una discusión y esa noche una semilla fue plantada en mí: "¿Por qué esos Pentecostales creen tan arrogantemente que otros cristianos como yo no somos salvos? *Sé que soy salvo*", pensé. "Tengo a Jesús en mi corazón, pero no hablo en lenguas y realmente ni siquiera sé qué es. ¡Esos tontos!"

Sin si quiera haber hablado con un Pentecostal o con los llamados "cristianos llenos del Espíritu Santo", estaba ofendido con ellos por las palabras que mi pastor había dicho. Ahora estaba abierto a creer las mentiras basadas en rumores y, como resultado, seguiría aprendiendo varios argumentos sin fundamentos sobre hablar en lenguas, muchos de los que desarmaremos en la siguiente sección de este libro.

En esta etapa de mi vida, durante la adolescencia, empecé a tener preguntas sobre otras doctrinas a medida que leía mi Biblia. Uno de esos temas era la seguridad eterna de la salvación y la idea de si un verdadero cristiano podría perderla. Estas preguntas aparecieron al comenzar a subrayar pasajes en mi Biblia usando cierto color de marcador cada vez que encontraba advertencias sobre permanecer firmes hasta el final o sobre el arrepentimiento de los que se alejan del Señor. Luego usaba otro color para marcar pasajes que trataran sobre hablar en lenguas, ya que se convirtió en el siguiente tema que despertaba mi curiosidad ¡y no podía fingir que esos versículos no estaban en mi Biblia!

En los próximos meses, cada vez que leía algo sobre hablar en lenguas, tenía en mente esta inquietante duda: ¿por qué aparece en las Escrituras que los creyentes en el libro de Hechos hacían *esto* si en realidad no era importante? Y si hablar en lenguas no se supone que sea para nosotros hoy, ¿por qué entonces está en la Biblia? Todas parecían preguntas válidas y honestas para un adolescente que empezaba a tomarse su Biblia en serio.

Claro que no era tan inteligente a los diecisiete como ahora de adulto (lo que tampoco consideraría "demasiado inteligente"), pero era lo suficientemente listo para darme cuenta de algo: no comprendía por qué las personas que decían creer en la Biblia, ignoraban o excusaban algo que estaba tan explícitamente registrado en ella. El hablar en lenguas aparecía en la Biblia como algo que no encajaba con las explicaciones de la gente de por qué *no había* que hacerlo, ¡realmente no lo entendía! Se ubicó en el ranking justo arriba del rapto –otro tema que las personas parecían aceptar ciegamente como un hecho pero sin poder demostrar un fundamento válido al respecto, pero eso es para otro libro.

AUTO-HIPNOSIS

Siendo adolescente, otro de los hechos que me impidieron seguir creyendo en las explicaciones anteriores, me ocurrió un viernes por la noche. Se llevaba a cabo algún tipo de evento de adoración para toda la ciudad. Habían alquilado el Market

Hall, un salón de artes escénicas en el centro de Peterborough. Y (créeme, no exagero) fue tan pero tan aburrido, que tengo que escribirlo con mayúsculas, y no sólo la A, toda la palabra —ABURRIDO.

Esa noche en particular, mi amigo Charles y yo decidimos caminar calle abajo hacia el Peterborough Square, que en esos días era una especie de mini centro comercial debajo del Market Hall. Inmediatamente, vi a un amigo de la escuela. Él era un judío ateo y ahora estaba discutiendo y gritándole a un muchacho al que también conocía, pues era estudiante de la Escuela Bíblica Plymouth Bretheren de mi ciudad.

No necesité acercarme mucho para notar que al estudiante de la Escuela Bíblica no le estaba yendo muy bien. Yo sabía que mi amigo judío tenía una gran cantidad de municiones para usar en contra del evangelio pues yo también había intentado testificarle antes. Tras finalizar la discusión, saludé a mi amigo y me presenté con el estudiante de la Escuela Bíblica, quien acababa de perder una guerra de gritos contra mi amigo. No sabíamos el nombre de cada uno, pero nos reconocimos por los eventos a los que ambos habíamos asistido en nuestra denominación. (Nos conocíamos lo suficiente como para que él sintiera alivio al verme –al menos eso me pareció después del encuentro que acababa de tener).

Me enteré que él había estado entregando tratados, que básicamente consisten en pequeños folletos con un mensaje sencillo del evangelio. Él y sus amigos habían estado en las calles buscando personas para entregarles estos folletos y compartirles el evangelio. Ahí fue cuando se encontró con mi amigo

Dave y tuvo la acalorada discusión. Mientras nuestra conversación transcurría, decidí preguntarle su perspectiva sobre hablar en lenguas. Sabía que si él estaba estudiando la Biblia en la escuela, podría tener una respuesta educada a mis preguntas.

Desafortunadamente, me equivoqué. En su respuesta teológica, él insistió en que las lenguas sólo tuvieron propósito para la iglesia primitiva cuando el evangelio se extendía desde fuera de Jerusalén hacia Samaria. Me dijo que si yo miraba los ejemplos en donde la gente fue bautizada por el Espíritu Santo en el libro de los Hechos, notaría este patrón, dado que Jesús encomendó a Sus discípulos llevar el evangelio a Jerusalén, Judea, Samaria, y hasta lo último de la tierra (Hechos 1:8). Después, *esas* señales que acompañaron la difusión del evangelio hacia Judea, Samaria y a todo el mundo, carecerían de propósito. Su lógica no me convenció para nada, pero estoy seguro que él creía sinceramente lo que me dijo.

Entonces comenzó a repetir cosas que le habían enseñado pero que no había aprendido por sí mismo, pues su respuesta giraba en torno a cómo otra iglesia Pentecostal Carismática muy conocida, a las afueras de la ciudad, supuestamente hipnotizaba a la gente para que pensaran que estaban hablando en lenguas. Además agregó que tenían servicios y adoración largos para que las personas fueran más susceptibles a ser guiadas por ese mal camino. Luego dijo que cuando escuchas a esas personas hablar en lenguas, no es el Espíritu de Dios sino sólo alboroto y balbuceo. Asimismo, su explicación incluía reiteradas veces la palabra "auto-hipnosis."

Cuánto más hablaba, menos parecía que hubiera llegado a esa

conclusión por sí mismo, sólo repetía lo que sus profesores o pastores le habían dicho. Así que le pregunté si alguna vez había ido a alguno de los servicios de esa iglesias y admitió que no, pero uno de sus profesores, sí. ¡Por supuesto que uno de sus profesores había ido! Ese fue el primer aviso de que no debía tomarme muy seriamente su discurso, después de todo, lo esencial de sus creencias provenía de lo que había oído de sus profesores.

LOS VIDEOS DEL AVIVAMIENTO EN BROWNSVILLE

No volví a pensar en hablar en lenguas hasta aproximadamente un año después, cuando un amigo mío regresó de asistir al Brownsville Revival en el verano de 1999. En agosto, antes de mi último año de escuela secundaria, Hank (no es su nombre real) volvió de pasar el verano en Pensacola, Florida, y un grupo de nosotros nos reunimos en la casa de su novia el siguiente sábado por la noche para, lo que suponía, sería un estudio bíblico. Resultó que Hank tenía un video de Ken Gott, de Inglaterra, predicando en la iglesia en la que asistió en Florida. Nunca antes había escuchado a alguien predicar así. Sabía que había una diferencia en el estilo de predicación en los pentecostales y carismáticos que había escuchado hasta ahora, pero todo eso no se parecía en nada a lo que escuché en ese video aquella noche.

"¿El *poder* de Dios? ¿Eso quiere decir que los sucesos de las Escrituras también pasan hoy, y no sólo en los días de la Biblia?" pensé. "¡Eso no es lo que me enseñaron a creer!". Ken Gott compartió todos esos testimonios descabellados mientras predicaba. Esa noche también vimos otro video aún más contundente, en el que Michael Rowan nos dejó llorando a muchos en esa sala, así como en el estadio repleto de jóvenes escuchando el mensaje en vivo, donde fue grabado el video.

Nunca antes había escuchado una prédica tan poderosa, y cuando terminó pasamos un tiempo considerable en oración. Mientras me llevaba a casa, Hank me explicó pacientemente y con las Escrituras, algunas cosas sobre el avivamiento en Pensacola y lo que era un "avivamiento". Sonaba tan maravilloso que me hizo preguntar por qué no sucede algo así *en todas partes* donde hubiera cristianos (y todavía me lo sigo preguntando). "¿Qué tenían de diferente esos cristianos, como para que Dios esté haciendo allí algo que no hace aquí en Peterborough, mi ciudad natal?"

Y, por supuesto, tenía muchas preguntas para hacerle sobre hablar en lenguas, pues vi que lo hacían los predicadores en los videos y algunas personas en la sala esa noche. Mi teología en ese momento era el cesacionismo, la que básicamente expresa que los dones del Espíritu no suceden hoy, pero que fueron necesarios en el tiempo de la iglesia primitiva. Por supuesto, hablar en lenguas no es algo que los cesacionistas esperan que ocurra hoy.

Esa fue la noche que la represa comenzó a romperse para mí.

---

1. Para aquellos lectores que estén interesados, entro en más detalles en mi blog, a lo largo de unas series basadas en mi testimonio, en una pestaña desplegable de la página principal.

CAPÍTULO 2
¡ESOS CARISMÁTICOS LOCOS!

Durante mi último año de secundaria, Trevor, un amigo cercano que también era líder en nuestro grupo cristiano de secundaria, comenzó a ir conmigo a distintos grupos juveniles los viernes en la noche. Después de algunas visitas, empezó a acompañarme —o mejor dicho a llevarme, pues yo no tenía auto y él tenía un buen jeep y licencia de conducir— al Selwyn Outreach Centre los viernes en la noche, donde iba Hank. Esta era la misma iglesia que el estudiante de la Escuela Bíblica me había dicho que hipnotizaban la gente para que pensaran que hablaban en lenguas. De todas formas, estaba convencido de que si era donde Hank iba, quería lo que ellos tenían y que a mí me faltaba, pues él tenía un espíritu y un carácter diferente a los otros cristianos que conocía. Sin saber exactamente qué era, entendía que se trataba de todo lo que hacía diferente a los Pentecostales/Carismáticos.

Compartí lo que había en mi corazón con mi pastor de jóvenes en la comunidad de mi hogar, y él básicamente trató de disuadirme, haciendo énfasis en que mi madurez espiritual corría peligro yendo a otro grupo de jóvenes en lugar de "crecer donde había sido plantado". Lo conocía suficiente para saber que era sincero y buscaba lo mejor para mí. Él podía o no haber estado en lo correcto, pues en la medida que he madurado a través de los años, pude entender su punto más claramente, pero por otra parte me siento contento de no haberle escuchado en esa oportunidad, de lo contrario nunca hubiera vivido las experiencias que vendrían en mi vida. Tampoco hubiera conocido algunas de las personas que conocí, ni me hubiera embarcado en la aventura del campo misionero, desde donde ahora escribo esto.

La primera noche que asistí a este servicio juvenil en Selwyn estuvo marcada por una adoración increíble. Como nunca antes, me sentí libre para expresarme más que en ningún otro lugar de la iglesia, aparte de la Conferencia *Acquire the Fire,* a la que había asistido algunos fines de semana antes. Hubo un momento cuando los que estaban dirigiendo la alabanza y muchos de los que estaban congregados (si es que no fueron todos), comenzaron a cantar en lenguas. Fue lo más hermoso que hubiera escuchado, y pensé: "Oh, así es como suena".

Inmediatamente deseché todo lo que la gente me había dicho sobre esta iglesia, lo que me hizo dar cuenta que muchos de los estudiantes de la Escuela Bíblica con quienes había hablado no habían visitado ni una sola vez en sus vidas esta iglesia y, probablemente, *ninguna* de las iglesias carismáticas. Estaba claro que no había ninguna atmósfera "hipnótica" donde me "lavaran el cerebro". No sabía cómo describir lo que estaba experimentando, más que decir que la presencia de Dios era más "densa" de lo que alguna vez hubiera sentido. No era una *sensación* provocada por las palabras y canciones en lenguas a mí alrededor, más bien, de alguna forma sabía que las lenguas eran el resultado de la presencia de Dios. Era evidentemente claro que estas personas tenían algo que a mí me faltaba.

Recuerdo que en ese momento de mi vida había empezado a leer la Biblia Nueva Traducción Viviente (NLT: New Living Translation) buscando *todo* lo que pudiera encontrar en el Nuevo Testamento que tratara con los dones del Espíritu Santo. Subrayaba con resaltadores flúor los pasajes y encerraba en un círculo las palabras relacionadas al Espíritu Santo y hablar en lenguas. Tampoco sé de nadie que usara estos marcadores para algo más que no sea marcar sus Biblias. A Hank no le gustaba mi Nueva Traducción Viviente, así que me compró una versión New King James (cuyo equivalente en español sería Reina Valera 1995), que luego leí y marqué también, usando algunos otros colores para todo lo relacionado con los dones del Espíritu Santo y temas carismáticos.

En casi seis meses, había leído tres veces la Biblia completa. Aunque tenía sólo dieciocho años y todavía estaba en la escuela secundaria, mis estudios sufrieron un poco y mis calificaciones bajaron, me había empapado tanto de la Palabra de Dios más que cualquier otra época, con excepción del instituto bíblico algunos años más tarde. Siempre tuve un nivel avanzado de lectura, lo me ayudó a leer la Biblia a un ritmo que para mí era normal. Para mis amigos, sin embargo, yo era una máquina de leer.

STEVE BREMNER

HAMBRE DE DIOS

Estaba hambriento por más de Dios, lo cual era totalmente diferente a cómo me sentía cuando fui salvo y empecé a leer la Biblia. Comencé a ver que, mucho de lo que me habían enseñado, era *claramente* parcial o *claramente* no bíblico. Como cualquier otro que quiera ser honesto consigo mismo, yo estaba interpretando la Biblia de acuerdo a mi experiencia, en lugar de cambiar mi experiencia para que coincida con la Palabra de Dios —a eso se reducía todo. Tampoco me importaba que muchos cristianos a mí alrededor no creyeran en el carácter sobrenatural de Dios, o lo relegaran a algo del pasado que Dios "ya no hacía".

Después de esto, iba constantemente cada viernes en la noche a la iglesia Selwyn con Hank o con Trevor. También me convertí en un adicto a los videos que pedía prestados de Hank o alguna familia local que también había asistido al avivamiento de Brownsville. Al terminar la secundaria, tenía la intención de inscribirme en la Escuela de Ministerio de Avivamiento en Brownsville (BRSM). Sin embargo, algunos amigos que asistieron o querían asistir a la Escuela Bíblica Pentecostal en Peterborough, hicieron que me preocupara de que en la solicitud de ingreso, se les preguntara a los futuros estudiantes si hablaban en lenguas o si habían sido bautizados en el Espíritu Santo. Para entonces, estaba abierto a los dones carismáticos y creía que hablar en lenguas era una experiencia válida que los cristianos podían tener, pero me preocupaba la posibilidad de que se me negara el ingreso a esta escuela si no hablaba en lenguas. Más tarde me di cuenta que este miedo era bastante absurdo.

Al final, no fui a la Escuela y en lugar de eso, me tomé un año después de la secundaria para trabajar en una franquicia local de Subway y ahorré algo de dinero para mis estudios. Durante este tiempo la BRSM se dividió en dos, y nació lo que se llamó FIRE School of Ministry (Escuela de Ministerio FUEGO). Me inscribí en ambas escuelas, cuyas solicitudes eran virtualmente idénticas. Después de la división, casi toda la facultad se pasó al ministerio FIRE, y decidí que también asistiría a esa escuela, pues sus profesores estuvieron en los numerosos videos de avivamiento que había visto. Después de todo, fue por ellos que decidí asistir y que me enseñen durante dos años en mi edad adulta. Ninguna de las dos escuelas hizo preguntas sobre hablar en lenguas por otra razón que no sea saber si el estudiante las practicaba en su vida personal o no.

¿TÚ NO HABLAS EN LENGUAS?

Tenía un compañero de la secundaria que también iría a la Escuela FIRE, así que llegamos a ser amigos cercanos por un tiempo. Cuando él supo que yo no hablaba en lenguas, hizo todo lo posible para tratar que mi vida espiritual fuera más profunda. Fue tan sofocante, pero no tenía el corazón para decirle cómo me sentía en ese momento. Sabía que él estaba en lo correcto, pero me abrumaba, y muchas veces cuando nos juntábamos para orar o para pasar un rato de amigos, parecía que en nuestra conversación siempre saltaba el tema del hablar en lenguas. Y no era yo quien lo mencionaba, si sabes a qué me refiero.

Desde que comencé a asistir al grupo de jóvenes carismáticos de Hank con mi amigo Trevor, hasta el momento en que empecé las clases en la Escuela de Ministerio FIRE, transcurrieron aproximadamente dos años. Durante ese lapso de tiempo, me habían orado por lo menos media docena de veces para que recibiera el bautismo en el Espíritu Santo, y nada parecía suceder —para decepción y frustración de algunos de mis amigos pentecostales demasiado entusiastas. Nunca hablé en lenguas en ese período de dos años.

La presión por parte de mis compañeros de clase me estaba angustiando. Si todo el mundo iba a actuar así conmigo, entonces debía preocuparme por las dificultades de asistir a un instituto bíblico pentecostal durante dos años sin hablar en lenguas. Aun tenía toda clase de ideas erróneas sobre los carismáticos y me intranquilizaba que pudiera ser un problema para mí si asistía a una escuela con una atmósfera de "avivamiento". Todos los carismáticos que me había conocido hasta ahora parecían pensar que me estaba perdiendo de algo, y parte de mí sabía que era verdad. Sin embargo, el entusiasmo agresivo de algunos de mis amigos para que recibiera el don de lenguas, era sofocante. Para ese momento, ya no sabía si *quería* hablar en lenguas y recibir el bautismo del Espíritu Santo.

En agosto del 2001, salí de Peterborough hacia Pensacola. Viajamos en auto por más de veinticuatro horas con otros dos muchachos –uno en su tercer año de internado en FIRE y el otro era un compañero de clase con quien había ingresado. Nunca había ido tan lejos de mi casa.

Después de algunos días, me mudé a la casa que sería mi hogar durante el primer semestre, e inmediatamente se corrió la voz que había llegado "uno que no tenía la llenura del Espíritu Santo". Parecía que todos estaban en la misma sala de chat llamada "los que no hablaban en lenguas" o algo así, porque todo el mundo parecía saber que yo era el canadiense que no hablaba en lenguas. Había un compañero de cuarto en particular que sintió que era su misión personal hacer que fuera bautizado en el Espíritu Santo. Sus palabras exactas fueron, "¿Cómo puedes asistir a esta escuela y no hablar en lenguas?". Nuevamente, para alguien que no habla en lenguas, este tipo de actitud es una de las razones por las que uno podría negarse a aceptar y recibir ese don.

En las siguientes semanas, hubo momentos donde "el Espíritu se manifestaba" en algunas clases e intercedíamos, y las personas profetizaban en beneficio de todo el aula. Durante esos momentos, cuando las personas a mí alrededor oraban en el Espíritu (en otras lenguas), no me sentía avergonzado o incómodo como en otras ocasiones. Sin embargo, estaba un poco cansado del entusiasmo de mis compañeros de cuarto, mis nuevos compañeros de clases, y mis antiguos amigos carismáticos, de quienes esperaba que ninguno me mirara durante esos ratos y notara que mis labios no se movían como los de ellos. No quería convertirme en la misión de nadie más para hacer que el Espíritu Santo me llenara.

Pero todo cambió después de algunas semanas.

CAPÍTULO 3

9 DE SEPTIEMBRE DE 2001

Una noche, todo sucedió frente a casi seiscientas personas. El Dr. Josh Peters estaba predicando sobre el segundo capítulo del libro de los Hechos. Por supuesto, es sobre lo que predican todos los carismáticos, ¿verdad? Mi memoria no me ayuda ahora sobre cuál era su mensaje o todos los puntos que dio, pero recuerdo que en un momento bromeó diciendo que si realmente queríamos vivir en el libro de los Hechos, debería salir sangre y humo de nuestras reuniones (Hechos 2:17-21). Quizás es una de las razones por las que la gente habla de las iglesias carismáticas después, ¿no?

Hacia el final, él hizo un llamado al altar preguntando si había alguien que quisiera entregar su vida a Jesucristo por primera vez. Si recuerdo correctamente, hubo un par entre los presentes que pasaron adelante. Entonces hizo otra pregunta: si había alguien que quisiera ser bautizado con el Espíritu

Santo. Inmediatamente supe que el llamado era para mí, pero miré hacia abajo y comencé a pensar: "Estoy en un lugar nuevo, con un comienzo nuevo. Nadie sabe demasiado de mí, no tengo por qué dejarle saber a nadie que 'no soy lleno del Espíritu Santo', lo que realmente significa que no necesitaba decirle a nadie que no hablaba en lenguas". Parte de mí quería recibirlo, "Pero… no esa noche. Quizá más tarde, luego de tener tiempo para procesarlo", pensé. "Si él vuelve a preguntar alguna otra noche, entonces pasaré al frente. Sí, es lo que haré".

Lo pensé por una fracción de segundo, pero mi mayor obstáculo era recordar cuánto habían orado por mí varias veces en otras iglesias Pentecostales sin que nada pasara, y cómo se frustraban las personas que oraban por mí. ¿Quería realmente que oraran por mí otra vez y no "recibir"? ¿Realmente quería someterme a esta prueba y frustrar otra vez a un nuevo grupo de Pentecostales? En otras ocasiones la gente ya me había orado por un largo rato hasta que se cansaron de que no hablara en lenguas. ¿Quería exponerme a tal frustración otra vez?

Antes de que pudiera decidirme, parecía que todo estaba planeado para mí. Me volví y noté que había algunos brazos alrededor mío señalándome directamente. No me pude ocultar y el Dr. Peters me invitó a pasar al frente de la plataforma mientras alentaba a otros a que vinieran a imponerme sus manos.

Grandioso. Ahora todo el mundo en el santuario había visto que me llamaron. ¿Quiénes eran todas esas personas que me estaban señalando? Estoy seguro de que fueron sólo uno o dos los que empezaron y el resto en esa ala del auditorio simplemente comenzó a hacer lo mismo. En cualquier caso, estaba ahí. Seguía convencido que orarían por mí, que no pasaría nada y entonces seguiría alegre mi camino y sería un carismático "encubierto" que no hablaba en lenguas.

Para empeorar las cosas, debieron ser como treinta personas las que vinieron al altar a reunirse a mí alrededor y a sofocarme. De acuerdo, probablemente no querían sofocarme, pero cuando vi *tantas* personas listas a imponerme manos, me puse tan nervioso, como nunca antes lo había estado al recibir oración. Esta era una gran cantidad de gente para decepcionar cuando no hablara en lenguas, como todas las veces anteriores.

¿Realmente quería estar ahí por una hora mientras la gente "presionaba" tratando que hablara en lenguas? ¿Podría inventar sonidos que suenen como lenguas en caso de extenderse por mucho tiempo y quiera irme a comer a Denny's (un restaurante muy conocido en América) o a mi casa? Tenía todo tipo de pensamientos pasando por mi cabeza, pues sabía que lo mismo que siempre había sucedido antes, iba a suceder ahora.

Estas personas comenzaron a imponerme manos –o al menos la mayoría de los que podían alcanzarme en la multitud– y empecé a sentir como si algo fluyera de mi vientre, como nunca había experimentado hasta ahora. Era algo como un fuego, pero más bien como un burbujeo profundo en mi espíritu. No sé realmente cómo describirlo. Se sentía muy parecido a una indigestión, pero no dolorosa ni incómoda. En lugar de venir del área de mi esófago, era de más abajo, como si estuviera en mi abdomen. Entonces hubo como una oleada que iba desde mi abdomen hasta mi garganta y quería dejarla salir pero no sabía cómo.

Cada vez que tenía esa sensación –la cual, por cierto, era sutil incluso cómoda y de ninguna forma dolorosa ni alarmante – una de las damas decía: "Eso es, eso es, ahí está". No tengo idea si estaba mostrando alguna señal externa de lo que me estaba pasando, pero cada vez que sentía esa oleada que subía en mi interior, ella decía: "eso es", como si supiera exactamente lo que estaba ocurriendo dentro de mí.

Toda la situación duró solo unos momentos y muchas de las personas que se habían reunido a mí alrededor para orar estaban volviéndose a sus sillas. Tenía unas pocas sílabas extrañas que ahora podía decir como nunca antes lo había hecho. Fue tan sencillo y parecía como si vinieran de mi estómago en lugar de mi cabeza. Esta dama se quedó a mi lado alentándome, junto a otro estudiante de segundo año como de mi edad, que me animó a continuar diciendo las pocas sílabas que habían salido. Él me dijo que mientras más las dijera, el Espíritu Santo me daría otras palabras que luego sonarían como frases.

Parte de mí se sintió decepcionado de no haber experimentado una escena más espectacular. En realidad, pensaba que se parecería a alguna clase de bola de gloria que me golpearía, me echaría al piso y me levantara hablando en lenguas. No puedo recordar todas las ideas erróneas y las falsas expectativas que inicialmente tenía antes de esa noche, pero esto me impactó. ¿Realmente lo fue? ¿Eso era todo? ¿Podía hablar en lenguas ahora? ¿Acaso no consistía en que el Espíritu Santo vendría a tomar mi lengua con sus manos para que salgan sonidos de mi interior? ¿Podía controlarlo y decidir si hablar o no, lo que venía de mi interior?

Cuando llegué a casa, envié un correo electrónico a diez de mis amigos en Canadá para contarles lo sucedido. Uno de ellos me contestó diciendo que había sido bautizado en el Espíritu, así que esencialmente estaba diciendo que *ahora sí* era salvo desde esa noche. Otro me contestó animándome a usar más el don y así vería cómo Dios lo desarrollaba más. Así que eso fue lo que empecé a hacer.

Cuando oré al día siguiente, durante mi lunes libre, sentí que había terminado de orar por todo lo que pude pensar en unos quince minutos. Si iba a orar por un tiempo más prolongado, entonces el don de orar en lenguas iba a ser muy útil, pues no sabría por qué más orar.

Sin embargo, tenía este pequeño problema viniendo a mi mente –sólo disponía de unas pocas silabas que fluían. Aunque oraba en lo privado de mi habitación, todavía me sentía inhibido y pensaba que quizá era una broma. Tal vez los carismáticos son unos tontos después de todo y mis amigos evangélicos estaban en lo correcto. Quizá me había autohipnotizado. ¡Oh Dios mío, que vergonzoso! ¡Las lenguas no pueden ser tan de fáciles! ¡Se supone que es más espectacular que esto!

Al día siguiente teníamos que ir a la capilla antes de clases. Y lo habríamos hecho como de costumbre, pero era septiembre 11 del 2001, y las torres gemelas de Nueva York habían sido atacadas. Iba hacia la escuela con dos de mis compañeros de cuarto esa mañana y cuando llegamos había una cantidad de gente en el auditorio orando e intercediendo por lo que estaba pasando. A esa hora de la mañana, los únicos detalles eran que Estados Unidos estaba bajo ataque, pero no se sabía por quién o por qué. Encontré un rincón en el auditorio donde podría orar en privado, pues realmente no sabía qué hacer. Me costaba creer que estuviera pasado, pues no tenía un televisor y creo que soy una de las pocas personas que no vio caer las torres por TV o en internet.

Puedo decirte una cosa que nunca olvidaré de esa mañana: las lenguas fluyeron de mí como un río que destruyó la represa. Ya no eran solamente unas silabas saliendo de mi boca. No era un simple goteo como cuando lo intenté veinticuatro horas antes, ahora era un poderoso río de un nuevo lenguaje de oración fluyendo en mí. Romanos 8:26 dice "porque no sabemos orar como debiéramos, pero el Espíritu mismo intercede *por nosotros* con gemidos indecibles". Este versículo de repente tomó sentido para mí en una forma más profunda que antes, después de todo, no sabía cómo orar aquella mañana del 11 de Septiembre.

EL CAMINO DEL ESPÍRITU, EL CAMINO DEL PODER

En el otoño, meses después de haber recibido el bautismo del Espíritu Santo y hablar en lenguas por primera vez, tuve otra experiencia maravillosa con este don. Había estado hablando en lenguas regularmente en mi adoración a Dios y en mi tiempo privado de oración, pero verdaderamente no entendía el valor que tenían las lenguas, hasta que tuve mi primera clase con Brian Parkman. Él estaba de reemplazo por dos semanas en una clase que yo tomaba y habló sobre orar regularmente en lenguas cada día: "Todos los días, todos los días, todos los días", como diría él.

Nos habló sobre un libro titulado *The Walk of the Spirit, The Walk of Power* (El Caminar del Espíritu, El Caminar del Poder) por Dave Roberson que cambiaría nuestras vidas. Nunca antes había oído hablar del autor y, aunque sí sabía que se podría profundizar mucho respecto a este don, no podía creer que alguien pudiera enseñar tanto como para escribir un libro de cuatrocientas páginas sobre el tema. Y aún, después de todos estos años, voy a cubrir algunos asuntos más en mi libro, que Roberson no cubrió.

Estaba intrigado, pero no fue hasta mi segundo semestre cuando tuve una clase completa con Brian llamada *Los Principios de la Fe y la Oración,* donde conseguí un ejemplar de ese libro. Pasaron algunas semanas para que lleguen las copias y lo leí completo en un sábado. No sólo lo leí, sino que tomé notas en mi libreta de apuntes y subrayé el contenido del libro. Hablaba de cosas impresionantes y orar en lenguas por tiempos prolongados, llegó a ser más fácil para mí que lo que había sido antes. Y todo debido a que ahora tenía una comprensión mucho mejor de lo que estaba sucediendo en mi espíritu.[1]

A lo largo de los años, presté mi copia a varios amigos y lo he vuelto a leer al menos una vez por año. En la última década se ha desgastado y noté que necesariamente no responde a todas las objeciones de la gente, sino más bien, les ayuda a orar más en el espíritu. Te animo a que leas el libro de Dave Roberson para que te edifiques, pongas en práctica lo que aprendas y transformes tu vida. También te animo que continúes leyendo mi libro, si quieres responder a tus amigos que vienen a ti con diferentes ideas erróneas sobre hablar en lenguas.

Y ahora, ataquemos las objeciones.

---

1. Te recomiendo que consigas una copia del libro. No porque reciba alguna comisión de las ventas, pues el Ministerio de Dave Roberson regala copias si llamas, o puedes conseguir una versión en PDF o Mobi en su sitio web www.daveroberson.org. Una vez que leas el libro de Dave, entenderás el fundamento que el Señor puso en mi vida con la práctica de hablar en lenguas.

SECCIÓN DOS

LOS CONCEPTOS ERRÓNEOS

CAPÍTULO 4

LOS PENTECOSTALES CREEN QUE LAS PERSONAS QUE NO HABLAN EN LENGUAS NO SON SALVAS

Admito que luché con la forma en que quería comenzar esta sección del libro y en qué orden enumerar los conceptos erróneos que mucha gente cree. Como resultado de orar y pensarlo detenidamente, además de haber recibido consejo de mis amables amigos de corrección de pruebas, decidí comenzar con esta idea errónea y luego, en el próximo capítulo, abordaremos una seria exégesis de la Biblia.

La idea de que los no-Pentecostales no son salvos, es algo que escuché muchas veces durante los años, de algunos evangélicos que afirman que eso es lo que los Pentecostales verdaderamente enseñan. De hecho, vi que algunas personas se indignan tanto como yo la primera vez que escuché que los católicos piensan que los protestantes no son realmente Cristianos. Como mi amigo y mentor Dr. Stephen Crosby dice en su libro

Your Empowered Inheritance: Now! (Tu Herencia Poderosa: ¡Ahora!):

> La crítica común de los cristianos Pentecostales y Carismáticos, es su condescendiente espíritu de superioridad sobre aquellos que no han sido "Bautizados en el Espíritu." Puede ser, y ha sido verdad. La teología Pentecostal tradicional, es criticada por establecer un sistema de dos o tres niveles de creyentes –los que tienen y los que no tienen. Gran parte de esta crítica es merecida.[1]

Una vez participé de una discusión en Google+ con una variedad de evangélicos, sobre si los Pentecostales creían o no realmente eso sobre otras denominaciones. Uno de los hombres en esta discusión era, evidentemente, un pastor Bautista que una vez fue invitado a predicar en una iglesia de Asambleas de Dios. Sin embargo, cuando este pastor visitó el sitio web de esa iglesia, encontró que ellos creían en el bautismo del Espíritu Santo subsecuente a la salvación, incluyendo la señal o evidencia de hablar en lenguas. Entonces, luego de saberlo, decidió declinar la invitación porque dedujo que esto significaba que creían que las personas no eran salvas a menos que hablaran en lenguas.

Traté de dialogar y mostrarle que era *él mismo* quien llegó a la conclusión de que ellos creían eso, pero que probablemente no era así, de lo contrario, no lo habrían invitado a predicar en su reunión. Él dijo no saber qué tan irónica era su razón para rechazar invitación, pues era posible que estuviera cerrando una puerta que Dios abrió para compartir con esa congregación algo que tal vez no hubieran recibido de nadie más.

Con mucha frecuencia, oigo que supuestamente los carismáticos somos divisivos. Históricamente, esta acusación es merecida. Sin embargo, personalmente encuentro más a menudo división en personas que no comparten mi entendimiento de los dones carismáticos. Por ejemplo, con evangélicos y Bautistas que ponen muros entre ellos y yo, en ciertos ministerios y entornos misioneros, sobre asuntos que nunca pasaron por mi mente que causen división o provoquen un gran escándalo.

He estado en reuniones de oración corporativa pidiéndole a Dios por algo y me resistí a orar en lenguas frente a ellos, sólo para que más tarde, alguien venga y me diga: "Me alegro que no hayas orado en lenguas, porque hubiera sido inapropiado a menos que alguien las interpretara. Estamos tan contentos que te lo hayas reservado para ti, Steve". Luego me tomo un momento para mostrar aún más moderación al no preguntarles por qué se toman la molestia de mencionármelo. ¿Será que, tal vez, algunos se quemaron tanto en el pasado por la insensatez y la inmadurez de algunos carismáticos muy entusiastas, que están listos para reaccionar y atacar al siguiente que encuentran? Realmente no lo sé.

Una ocasión previa a la discusión de Internet, vi un video en YouTube de un hombre enseñando sobre hablar en lenguas, y su prédica simplemente giraba en torno a su razonamiento. No podía distinguir a quién se estaba dirigiendo, pero los exhortó a que se alejaran de cualquier carismático que enseñe que es necesario hablar en lenguas para ser salvo, si es que se encontraban cerca de alguno.

Me hizo pensar en diferentes ideas erróneas que yo mismo tenía respecto a los carismáticos, como esa en particular que mencioné antes, sobre nuestra visión de la salvación. Crecí asistiendo a una iglesia de los Hermanos de Plymouth. Esta comunidad en particular es mucho más abierta y progresiva ahora que en los años anteriores y en comparación con otras iglesias en su denominación. Mantengo algunas amistades cercanas hasta el día de hoy como resultado de no quemar ningún tipo de puente con ellos o dejar que las diferencias teológicas se interpongan en el camino de las verdaderas amistades. Sin embargo, no significa que algunas cosas que estos queridos santos me han dicho a lo largo de los años, no sean falsas.

Mi ciudad natal, Peterborough, tenía dos institutos bíblicos diferentes. Uno era Brethren y el otro, una escuela bíblica denominacional más grande de Canadá durante algunos años y, por supuesto, era pentecostal. Me ofrecí como voluntario por algunos años en un centro de jóvenes llamado The Bridge Youth Centre (Está escrito correctamente porque en Canadá escribimos "Center" la R y luego la E: *centre*, por si estabas listo a tirar este libro por tener un error tipográfico tan vergonzoso). De cualquier forma, solía trabajar con muchos estudiantes de ambos institutos que estaban en el ministerio o internado a fin de obtener créditos para sus escuelas. Como resultado, a veces me confundía cuando hacía preguntas a diferentes estudiantes sobre varias doctrinas bíblicas de las que, llegué a descubrir, no estaban de acuerdo. Muchas personas de

Brethren me decían "Esos pentecostales creen que necesitas hablar en lenguas para ser salvo". ¿Qué hacía entonces? Cuando los veía durante mis turnos de visita al centro de estudiantes, les preguntaba a los estudiantes pentecostales. Tenía sólo dieciocho años, pero siempre con el deseo de llegar al fondo de las cosas. Por lo general, los pentecostales me decían: "¡Por supuesto que aún eres salvo aunque no hablas en lenguas!".

Al momento de escribir esto, llevo más de dieciséis años de cristiano y aún no me he cruzado con *ningún* carismático, o alguien que se llame serlo, que me diga que yo o alguien más no es salvo a menos que hable en lenguas. Pero esto no es para decir que no hay grupos y denominaciones allá afuera que sí lo crean, sin embargo, no son representativos de todos los Pentecostales o carismáticos.

Aquí la confusión suele aparecer cuando los creyentes mezclan el bautismo del Espíritu Santo con la experiencia de la salvación misma. Así que, si digo que las lenguas acompañan el bautismo del Espíritu, y un oyente cree que el bautismo del Espíritu ya ocurrió en su salvación, sonaría como si le estuviera diciendo que no es un verdadero cristiano. Por lo demás, y en general, el concepto erróneo en que basamos este capítulo, no está tan esparcido como he podido descubrir en algunas de mis investigaciones.

LA SALVACIÓN NO DEPENDE DE HABLAR EN LENGUAS

Asumo que si estás leyendo este libro, probablemente ya eres cristiano y sabes cómo llegaste a conocer al Señor Jesucristo. Sin embargo, quiero tomarme un momento antes de avanzar, como Pentecostal que soy, para explicar lo que el evangelio es y cómo alguien llega a ser salvo, en caso de que por alguna razón hayas agarrado este libro pensando que era algo diferente y has leído hasta aquí y no tienes ni idea de qué estoy hablando.

Cuando el hombre pecó en el Jardín del Edén, no fue castigado por fumar marihuana o por tener sexo fuera del matrimonio. Adán no se embriagó con sus amigos mientras perseguía mujeres. Lo que él y Eva trataron de hacer fue *bueno* pero fuera de los parámetros que el Señor les instruyó.

No fue el deseo de desobedecer a Dios lo que nos separó de Él, sino nuestro deseo de tratar de ser justos por nosotros mismos. Eva fue guiada por el deseo de *ser como* Dios y comieron del fruto, creyendo la mentira de la serpiente de que ella sería como Dios si comía del fruto. La humanidad se desterró así misma de la presencia de Dios tratando de hacer cosas *a su manera* en lugar de a la manera indicada por Dios. Fue el deseo de hacer lo que ellos *percibieron* como bueno, pero que de hecho era un acto de desobediencia, lo que los llevó a ser echados del jardín.

¿Qué pasó cuando comieron del fruto que Dios les dijo que no comieran? "Entonces fueron abiertos los ojos de ambos, y conocieron que estaban desnudos; entonces cosieron hojas de higuera, y se hicieron delantales" (Génesis 3:7). ¿Qué piensa Dios de nuestros esfuerzos por ser buenos y cubrir nuestros pecados con trajes que hacemos nosotros mismos? Isaías 64:6 menciona como nuestros actos de justicia propia son "como trapos de inmundicia", y Pablo dice en Romanos 3:10 que "no hay justos".

Jesús dijo, "Pero yo os digo que cualquiera que mira a una mujer para codiciarla, ya adulteró con ella en su corazón" (Mateo 5:28). ¿Has mentido o robado, aún en pequeñas medidas, o mirado a alguien con lujuria? La mayoría es culpable de esas apenas tres cosas que mencioné, pero todavía hay otros siete mandamientos para tener en cuenta cuando consideramos la ley de Dios. El fallar en sólo uno de ellos, nos hace culpables de desobedecer toda la ley de Dios, por lo que, en el día del juicio, deberíamos terminar en el infierno. Sin embargo, esa no es la voluntad de Dios (2 Pedro 3:9).

En respuesta a esto, Dios el Padre envió a Su Hijo Jesucristo para tomar nuestro castigo: "Mas Dios muestra su amor para con nosotros, en que siendo aún pecadores, Cristo murió por nosotros" (Romanos 5:8). Para recibir de Dios el regalo de la vida eterna, sólo necesitas pedirlo. Te animo a que ores algo como esto si lo que estoy diciendo se aplica a ti:

> Querido Dios, me arrepiento de mis pecados (puede ser una buena idea que los menciones aquí). En este día pongo mi confianza en Jesucristo como mi Señor (Amo) y Salvador. Por favor perdóname y concédeme el regalo de la vida eterna, que es Tu Hijo Jesús. Oro en Su Nombre. Amén

Entonces ahora, lee la Biblia diariamente y obedece lo que lees. Ora en lenguas tan frecuentemente como puedas. Y si aun no sabes cómo hacerlo, continúa leyendo este libro.

Quizá estás leyendo esto y conoces a Jesús, pero tomaste este libro pensando descubrir algo más. Puede que estés luchando por entender que si Dios es verdaderamente tan amoroso, ¿cómo puede entonces enviar siquiera un alma al infierno? Quizá el "dios" de tu imaginación y percepción, no lo haría. Eso es idolatría, hacer un dios a tu propia imagen. Sin embargo, el Dios de la Biblia es tan santo, que la pregunta ahora no es "¿cómo puede un Dios santo enviar a alguien al infierno?", sino "¿cómo podría un Dios tan santo *permitirle* a gente impura y pecadora ir al cielo?" La respuesta es "solamente por Su gracia y favor inmerecido, a través de la sangre que Su Hijo Jesucristo derramó en la cruz para pagar la pena que merecíamos".

Romanos 6:23 dice que "la paga del pecado es muerte, mas el regalo que Dios da, es vida eterna en Cristo Jesús Señor nuestro". Si alguna vez has tenido un trabajo, seguramente recibías el pago de tu salario en un cheque o depósito en tu cuenta bancaria cada vez que llegaba el día de pago. Una paga literalmente es lo que se te debe a cambio de lo que has hecho (en este caso, el trabajo para tu empleador). Simplemente ponlo así: por lo que tú y yo hemos hecho, Dios nos *debe* la muerte como castigo. Pero, por el abrumador amor que nos tiene, Jesucristo pagó ese precio por nosotros en la cruz. La elección es tuya si decides o no someterte a Él y dejar de tratar de ser bueno a tu manera.

Dicho esto, para volver al tema de hablar en lenguas, recordemos que no podemos ganar nuestra salvación. Todavía tengo que conocer personalmente a un pentecostal o carismático cuya doctrina sobre la salvación depende de hablar en lenguas. Si así fuera, entonces sería una burla al favor inmerecido de Dios hacia nosotros y nuestra inhabilidad para ganar nuestra propia salvación. Decir que no eres salvo a menos que *hagas* algo —en este caso hablar en lenguas— dice sutilmente que eres salvo debido que estás *haciendo* algo. Es obvio y claro, de lo contrario implicaría que la salvación es condicional. Sabemos que no está basada en una condición diferente a aceptarlo y dejar que nos limpie para el arrepentimiento.

Quizá dijiste esto alguna vez y no fue tu intención que significara lo que escribí —es decir, que las lenguas *causan* la salvación—, pero simplemente piensas que las lenguas son el fruto o la evidencia de que la salvación ha tenido lugar en el corazón de una persona. Eso es igualmente falso. Necesitas al Espíritu Santo para hablar en lenguas, pero no necesitas hablar en lenguas para tener el Espíritu Santo.[2] En el siguiente capítulo, exploraremos el bautismo del Espíritu Santo y cómo este es una experiencia separada (y que ocurre en cualquier momento después) de la salvación.

---

1. Stephen R. Crosby, *Your Empowered Inheritance: Now! (¡Tu ponderosa herencia: Ahora!)* (Stephanos Ministries), 172
2. Vamos a descubrir más de esto a medida que avancemos. En un capítulo posterior, también exploraremos más a fondo que, dado que podemos hablar en lenguas a voluntad, es aún más obvio que no podemos hacer algo para ganar u obtener nuestra propia salvación, o incluso el favor de Dios.

CAPÍTULO 5

EL BAUTISMO DEL ESPÍRITU SANTO YA OCURRIÓ EN LA SALVACIÓN

La primera vez fui bautizado en el Espíritu Santo y hablé en lenguas en el instituto, recuerdo encontrarme con reacciones mezcladas cuando le escribí a varios amigos en Canadá. Algunos de los que no creían en hablar en lenguas me respondieron algo como "¡Felicitaciones, Steve! ¡Al fin eres salvo!"

Obviamente era un golpe sarcástico, pues todos a los que les escribí sabían que era creyente. ¡Y que iba a un instituto b-i-b-l-i-c-o —sabes, no le permiten a cualquiera asistir a uno! Para algunos de mis amigos, esta era una forma sutil pero sarcástica de hacerme saber que el bautismo del Espíritu Santo ya había sucedido en la salvación y que no se trataba de alguna experiencia subsecuente.

Quería enfocar este libro *sólo* en hablar en lenguas y no en todos los dones del Espíritu, incluso evitaría de ser necesario el bautismo del Espíritu Santo de forma específica. Sin embargo, me di cuenta que no sería bueno hablar en profundidad de las lenguas sin cubrir lo que usualmente es el punto de partida para muchos creyentes que lo practican en sus vidas de oración. El libro realmente no fluiría si descuidara abordar este don como una experiencia post-conversión para todos los creyentes que lo desean.

Quiero dejar en claro desde el principio que existen libros que cubren este tema en una forma más amplia al referirse al Espíritu Santo, su obra en la salvación y el bautismo. Este capítulo cubrirá estos puntos, pero más como un resumen del tema o una descripción general.

TRES BAUTISMOS EN LA BIBLIA

Dicho esto, una de las primeras cosas que las personas a menudo me dicen cuando corrigen mi entendimiento de este tema, es que se llama *el bautismo* en el Espíritu Santo, diciendo que todos los creyentes ya están bautizados en Cristo. Con esto se refieren a lo que Pablo escribió a los Efesios:

> Un cuerpo, y un Espíritu, como fuisteis también llamados en una misma esperanza de vuestra vocación; un Señor, una fe, **un bautismo**, un Dios y Padre de todos, el cual es sobre todos, y por todos, y en todos. (Efesios 4:4-6)

"¡Ajá! Ves, Steve, ¡ahí dice que hay un solo bautismo!", sugieren. A lo que respondo: "Sí, hay un solo bautismo *en Cristo* en el que todos los cristianos son bautizados. Hay una sola *salvación* en Cristo Jesús. Hay una sola sepultura y resurrección a través de la sangre del Hijo de Dios. Estamos de acuerdo en eso. Sin embargo, puedo encontrar tres bautismos diferentes en el Nuevo Testamento.

El primero es el ya mencionado bautismo *"en"* Cristo, que también aparece en 1 Corintios 12:12-13:

> Porque así como el cuerpo es uno, y tiene muchos miembros, pero todos los miembros del cuerpo, siendo muchos, son un solo cuerpo, así también Cristo. **Porque por un solo Espíritu fuimos todos bautizados en un cuerpo**, sean judíos o griegos, sean esclavos o libres; y a todos se nos dio a beber de un mismo Espíritu.

A través del Espíritu Santo somos bautizados en el cuerpo de Cristo, quien es la cabeza y nuestro Salvador. Todos tenemos *este* bautismo en nuestra experiencia de salvación al confesar a Jesús como nuestro Señor y creer en nuestros corazones que Él nos ha hecho nuevos –y que *"fuimos bautizados"* en Él–. Hay uno sólo de *estos* bautismos. Sin embargo, también vemos un bautismo *en* agua (Hechos 8:38), que es evidencia de nuestra sepultura con Cristo (Colosenses 2:12; Romanos 6:3-4). Este bautismo no ocurre automáticamente al momento exacto de la salvación, sino que es necesaria una evidencia externa y ocurre cuando decidimos ser bautizados en agua. Este acto simbólico demuestra que morimos a nuestro viejo hombre y hemos resucitado en Cristo.

El tercer bautismo en la Escritura, es el bautismo del Espíritu

Santo (Hechos 2:4). No se relaciona con la salvación, más bien nos da poder para ser testigos del Señor Jesús (Lucas 24:49). Jesucristo mismo es quien bautiza en el Espíritu (Juan 1:32-33; Mateo 3:11). Para decirlo de otra forma: así como tu pastor, líder o quizá la persona que te llevó a Cristo, puede estar allí para sumergirte en el agua físicamente luego de haber nacido de nuevo, Jesús hace lo mismo en Su Espíritu. Sólo que en lugar de usar agua, Él usa al Espíritu Santo. Es posible que esta representación no les caiga bien a algunos, y no es una imagen perfecta, pero así es como lo veo y me sirve como ilustración aquí. Este bautismo no está conectado a la iniciación en Cristo como el primer bautismo, sino que es un empoderamiento para el servicio cristiano.

Tampoco es que el Espíritu Santo nos dio la mitad del bautismo en nuestra salvación y después, si tenemos suerte y decidimos que queremos ser Pentecostales, podemos recibir oración y obtener la segunda mitad del bautismo. Tampoco el Espíritu Santo es un par de gemelos, como para que tengamos uno de ellos en la salvación y al otro durante una experiencia pos-conversión. Hay *un* Espíritu Santo. El creyente es completo en la salvación y no es *deficiente* en ninguna manera.

Sin embargo, la función y la obra de ambos procesos son bien diferentes. Una experiencia es la habitación del Espíritu *en* nosotros para nuestra vida personal, produciendo frutos espirituales. La otra, es el Espíritu Santo viniendo *sobre* nosotros para darnos poder con el fin de servir a otros, resultando en habilitaciones o dones espirituales. También necesitamos darnos cuenta que el Espíritu Santo es una persona y no un conjunto de experiencias o categorías teológicas organizadas.

EL PROPÓSITO DEL BAUTISMO DEL ESPÍRITU SANTO

No estoy muy seguro de quién es esta cita, pero se ha dicho que "el bautismo del Espíritu Santo no es algo que tengamos, sino algo que usamos. No es el punto más alto de la experiencia espiritual, sino uno de los fundamentos tremendamente esenciales para un mayor desarrollo y servicio".[1] Cada cristiano necesita vivir un vida piadosa en Cristo, la cual nos ha sido dada en el momento que nacemos de nuevo.[2] El bautismo en el Espíritu es un equipamiento sobrenatural de poder del cielo para darle habilidad al cristiano para ser testigo y servir efectivamente.

En su libro *The Charismatic Theology of St. Luke: Trajectories from the Old Testament to Luke-Acts* (La Teoría Carismática de San Lucas: Trayectorias del Antiguo Testamento a Lucas-Hechos), Roger Stronstad dice sobre este bautismo:

> Con respecto a su futura profecía, Jesús le prometió a Sus discípulos (1) que Dios les daría Su Espíritu a quienes lo pidieran (Lucas 11:13), (2) que el Espíritu les inspiraría palabras de defensa cuando sufrieran persecución (12:12; 21:14, 15), (3) que el Espíritu le daría poder para ser testigos (24:49; Hechos 1:8), y (4) que serían bautizados en el Espíritu Santo (como el Padre lo prometió antes a través de Juan el Bautista, Hechos 1:4-5). Estas promesas comienzan a cumplirse el día posterior a la Pascua de Pentecostés cuando Jesús derramó Su Espíritu de profecía sobre unos 120 discípulos (Hechos 2:1-21). Lo que pasa en el día de

> Pentecostés es una transferencia del Espíritu de Jesús mismo a Sus discípulos (Hechos 2:33). Mediante esta transferencia del Espíritu, los discípulos de Jesús se convirtieron en una comunidad de profetas bautizados en el Espíritu, llenos y empoderados por el Espíritu (Hechos 1:5; 8; 2:4, 17-21).[3]

Y más adelante, Stronstad escribe: "Por lo tanto, así como la misión de Jesús fue introducida en el poder del Espíritu, la misión de los discípulos en Pentecostés será introducida en el poder del Espíritu."[4]

Uno de mis conceptos favoritos que he escuchado para describir el "doble" trabajo del Espíritu Santo *en* y *sobre* el creyente, es como inhalar y exhalar aire. El Dr. Frank D. Macchia, hablando de Lucas, escritor del evangelio y autor de los Hechos de los Apóstoles, lo pone así:

> El aliento de Dios a través de Pentecostés inhala a la gente hacia la presencia santa de Dios y los exhala en liberación para el enfermo y el oprimido. El penúltimo cumplimiento del bautismo en el Espíritu, para Lucas, es similar a un llamado profético que acerca a las personas al corazón de Dios en alabanza y empatía profética para darles poder con el fin de ser testimonio al mundo.
>
> Para Lucas, el bautismo en el Espíritu *no sólo* purga y habita para que el pueblo de Dios pueda ser un templo santo, sino que también otorga poder para que puedan funcionar como testigos vivientes. La llama del Espíritu que quema dentro del pueblo de Dios como un templo santo, es una llama que se propaga.[5]

Macchia también menciona previamente en su libro, que el bautismo del Espíritu en Lucas no sólo limpia el templo (el creyente) como Juan Bautista lo simbolizó, sino que también llena el templo con la santa presencia de Dios.

PERÍODO DE TIEMPO ENTRE LA SALVACIÓN Y EL BAUTISMO DEL ESPÍRITU

Rápidamente vamos al Libro de los Hechos y veamos cómo cada "bautismo," "derramamiento," o "llenura," o cual sea el término que quieras usar, tomó lugar después de la conversión.

> Entonces Jesús les dijo otra vez: Paz a vosotros. Como me envió el Padre, así también yo os envío. Y habiendo dicho esto, sopló, y les dijo: Recibid el Espíritu Santo. (Juan 20:21-22)

Tanto eruditos como individuos con una opinión educada, están divididos con respecto a lo que Jesús declara al final del evangelio de Juan. Algunos dicen que les estaba enviando la permanencia del Espíritu Santo, soplando sobre ellos como Dios sopló vida en el polvo de la tierra cuando formó a Adán. Personalmente, no voy a ser dogmático al respecto, pero mientras seguimos los primeros versículos del relato de Lucas —un minucioso médico— en el libro de Hechos, vemos que Jesús antes de ascender al Cielo, les dice a sus discípulos que permanecieran en Jerusalén. ¿Por qué debían hacerlo?

> Y estando juntos, les mandó que no se fueran de Jerusalén, sino que esperasen la promesa del Padre, la cual, les dijo,

oísteis de mí. Porque Juan ciertamente bautizó con agua, más vosotros seréis bautizados con el Espíritu Santo dentro de no muchos días. (Hechos 1:4-5)

A estos mismos individuos sobre quienes Jesús sopló y les dijo que recibieran el Espíritu Santo, ahora les pide que esperaran en Jerusalén hasta que fueran bautizados con el Espíritu Santo. Ya sea que el soplo mencionado al final del evangelio de Juan se refiere a la permanencia o no, es interesante notar que iban a tener una *segunda* experiencia, y ambas involucraban al Espíritu Santo. Antes de su ascensión en las nubes, Jesús explicó el propósito de la segunda experiencia que recibirían:

> Pero recibiréis poder, cuando haya venido sobre vosotros el Espíritu Santo, y me seréis testigos en Jerusalén, en toda Judea, en Samaria, y hasta lo último de la tierra. (Hechos 1:8)

Al final de los evangelios de Lucas, Jesús le dijo a los discípulos que esperaran y no salieran de Jerusalén hasta que hubieran recibido la promesa del Padre (Lucas 24:49). Ten en cuenta que Jesús les acababa de decir que esperaran el Espíritu Santo prometido después que fueran salvos. Antes, en su ministerio terrenal, Él les había animado a pedirle al Padre el Espíritu Santo: "Pues si vosotros, siendo malos, sabéis dar buenas dádivas a vuestros hijos, ¿cuánto más vuestro Padre celestial dará el Espíritu Santo a los que se lo pidan?" (Lucas 11:13)

Sabemos que alguien no puede ser salvo sino es por la obra del Espíritu de Dios, y todos los cristianos son templos del Espíritu Santo:

> *Por tanto, os hago saber que nadie que hable por el Espíritu de Dios llama anatema a Jesús; y nadie puede llamar a Jesús Señor, sino por el Espíritu Santo.* (1 Corintios 12:3)
>
> *¿O ignoráis que vuestro cuerpo es templo del Espíritu Santo, el cual está en vosotros el cual tenéis de Dios, y que no sois vuestros?* (1 Corintios 6:19)
>
> *Mas vosotros no vivís según la carne, sino según el Espíritu, si es que el Espíritu de Dios mora en vosotros. Y si alguno no tiene el Espíritu de Cristo, no es de él.* (Romanos 8:9)

Es claro que el propósito de lo que debían esperar tenía que ver con ser testigos eficaces de Jesús después de su ascensión al cielo. Al respecto, Stronstad dice:

> Además, como un intérprete ha observado: "Lucas registra al menos quince conversiones en los Hechos, y ninguna es descrita como un bautismo del Espíritu". Por lo tanto, al juzgar contra la estrategia narrativa del "estado espiritual anterior" de Lucas, o por el relato de las quince conversiones en Hechos, los intérpretes que afirman que las narrativas de Lucas de los "bautizados en el Espíritu" son sobre iniciación-conversión, son culpables de deformar los datos de Lucas para sus propias finalidades teológicas.[6]

El bautismo del Espíritu Santo no es sinónimo de recibir el Espíritu Santo en la salvación. Jesús les dijo a los discípulos que esperaran en Jerusalén hasta que recibieran poder, no les dijo que esperaran hasta que fueran "salvos", "nacidos de nuevo", "regenerados", o cualquier otro sinónimo que podamos usar para describir la obra del Espíritu Santo en la salvación. Ya estaban mostrando evidencia de la salvación cuando se reunían para orar en el aposento alto diariamente hasta el día Pentecostés ordenado a Dios. Y en caso que pienses lo contrario, déjame recordarte que es raro encontrar a incrédulos no salvos, reuniéndose en grupos para orar a Dios todos los días.

Las explicaciones que me han dado o he oído, toman acrobacias teológicas con el fin mantener la verdad, y para ser breve, no son lo suficientemente persuasivas para mencionarlas y refutarlas en este capítulo. Pero eso no viene al caso. Estarías en lo correcto al señalarme que a través de la historia hubo grandes hombres de Dios que fueron ministros de la Iglesia antes de ser salvos, como John y Charles Wesley. La gente puede servir y realizar actividades espirituales sin conocer personalmente a Cristo como Salvador. Sin embargo, de los reunidos, al menos en el caso de los once discípulos sobre quienes Jesús había soplado, ya habían recibido algo del Espíritu Santo y ahora, en el día de Pentecostés, recibieron *algo* más.

EL DÍA DE PENTECOSTÉS

> Cuando llegó el día de Pentecostés, estaban todos unánimes juntos. Y de repente vino del cielo un estruendo como de un viento recio que soplaba, el cual llenó toda la casa donde estaban sentados; y se les aparecieron lenguas repartidas, como

de fuego, asentándose sobre cada uno de ellos. Y fueron todos llenos del Espíritu Santo, y comenzaron a hablar en otras lenguas, según el Espíritu les daba que hablasen. (Hechos 2:1-4)

Recuerda que en el capítulo anterior se hace mención de ciento veinte creyentes que estaban presentes cuando Judas fue reemplazado como uno de los doce apóstoles (Hechos 1:14-16). Por esta razón muchos han asumido que todos estos individuos estaban presentes en el aposento alto aproximadamente diez días después. Ya que la Escritura no es contundente en este detalle, no seré concluyente en ninguna manera. Algunos especulan hasta el punto de decir que solamente los doce discípulos recibieron las lenguas de fuego en sus cabezas y hablaron en lenguas. Para mí, no se trata de si hubo doce o ciento veinte. El punto es que algunos claramente están recibiendo una segunda experiencia concreta aquí.[7]

Hacia el comienzo de Hechos 8, vemos el relato de Felipe compartiendo el evangelio y comenzando una especie de avivamiento en Samaria. Recuerda que Felipe no era de los doce apóstoles, sino un diácono designado para servir las mesas con el fin liberar a los apóstoles de predicar más (Hechos 6:5). ¿Por qué es significativo que Felipe estuviera predicando en Samaria? Bien, ¿Recuerdas lo sorprendida estaba la mujer en el pozo cuando Jesús le estaba hablando, porque los judíos y samaritanos no se asociaban (Juan 4:9)? Aquí estamos, años más tarde, y por lo menos este judío, Felipe, estaba ahora predicándoles el evangelio. Su mensaje era acompañado de señales y maravillas más allá de lo que hubieran visto alguna vez. Espíritus inmundos eran expulsados y cojos y paralíticos eran sanados (Hechos 8:6-8). Pero aún no eran llenos o bautizados con el Espíritu Santo.

Cuando los apóstoles que estaban en Jerusalén oyeron que Samaria había recibido la palabra de Dios, enviaron allá a Pedro y a Juan; los cuales, habiendo venido, oraron por ellos para que recibiesen el Espíritu Santo; porque aún no había descendido sobre ninguno de ellos, sino que solamente habían sido bautizados en el nombre de Jesús. Entonces les imponían las manos, y recibían el Espíritu Santo. (Hechos 8:14-17)

Necesitamos recordar que era el primer siglo después de Cristo. Cuando leemos el texto en la Biblia, especialmente observando unas pocas frases, podemos olvidar cuánto tiempo se ha tomado la narrativa. Debemos tener en cuenta que en esos días no tenían radio, TV, o internet. Felipe no sacó su celular y compartió una foto en Facebook. No filmó el avivamiento samaritano y subió el video a YouTube para que lo vieran sus amigos de la iglesia en Jerusalén. Llevó tiempo. En aquellos días, la comunicación sucedía tan rápido como un mensajero montado a caballo.

La distancia en línea recta de Jerusalén a Samaria (y al revés, por supuesto) es de treinta y cinco millas. Si miras algún mapa en la parte de atrás de tu Biblia, verás que pueden ser casi cuarenta. Hay pocas probabilidades que en esos días el camino fuera perfectamente en línea recta. Por lo tanto, si pensamos en el tiempo que le llevó volver a Jerusalén –que es aproximadamente el tiempo que tarda recorrer esa distancia a pie, a caballo o en camello–, nos quedamos con el hecho de que esos individuos en Samaria fueron salvos un poco antes que los apóstoles viajaran a su pueblo a ministrarles.

Además, añade a eso la cantidad de tiempo que la iglesia en Jerusalén debe haber pasado orando y discutiendo la situación de Samaria y escogiendo qué discípulos irían en esa misión. Tampoco olvidemos que ahora Pedro y Juan viajaron, pasaron tiempo con estos nuevos convertidos y oraron por ellos para recibir el Espíritu Santo. Suma todo eso y estamos hablando de varios días –si no semanas– entre el momento en que los samaritanos aceptaron el mensaje que Felipe predicó, y cuando recibieron el bautismo del Espíritu Santo, al imponerles las manos Pedro y Juan. Claramente fue una *segunda* experiencia pos-conversión para los samaritanos.

Concerniente al bautismo en el Espíritu Santo de los samaritanos, Stronstad dice:

Este relato de los samaritanos, confronta al lector con la separación cronológica entre el momento en que los samaritanos creyeron y el que recibieron el Espíritu. Su fe no sólo no logró la recepción del Espíritu, sino que su bautismo tampoco fue al momento de su recepción del Espíritu. Esto es un problema teológico molesto para muchos intérpretes, porque contradice sus presuposiciones teológicas respecto al bautismo del Espíritu Santo.[8]

Cronológicamente, el siguiente incidente del bautismo del

Espíritu en el libro de los Hechos, es cuando el apóstol Pablo se convirtió en el camino a Damasco, al tener una visitación personal del Señor y entonces Ananías oró por él tres días más tarde. Lucas escribe:

> Fue entonces Ananías y entró en la casa, y poniendo sobre él las manos, dijo: "Hermano Saulo, el Señor Jesús, que se te apareció en el camino por donde venías, me ha enviado para que recibas la vista y seas lleno del Espíritu Santo". (Hechos 9:17)

Si uno observa la conversión del apóstol Pablo, parece que él fue lleno con el Espíritu Santo en la conversión. Podamos decir o no que él recibió a Cristo y se comprometió a caminar con El la primera vez que el Señor le habló tres días antes, o si fue cuando Ananías le impuso las manos y oró, está sujeto a interpretación. De todos modos, escamas cayeron de sus ojos cuando Ananías oró por él. Si son escamas figurativas o literales no sabemos, pero ahora Pablo pudo ver otra vez y nunca más sería el mismo.

En el capítulo siguiente, Pedro predica el evangelio a los que están en la casa de Cornelio y vemos la salvación, el bautismo en agua y hablar en lenguas al mismo tiempo de la conversión. En mi opinión, eso es ideal. En Hechos 10:34-43 se nos da un resumen conciso de lo que Pedro le predicó a los gentiles. Entonces las cosas cambiaron durante el sermón de Pedro:

> Mientras aún hablaba Pedro estas palabras, el Espíritu Santo cayó sobre todos los que oían el discurso. Y los fieles de la

> circuncisión que habían venido con Pedro se quedaron atónitos de que también sobre los gentiles se derramase el don del Espíritu Santo. Porque los oían que hablaban en lenguas, y que magnificaban a Dios. Entonces respondió Pedro: ¿Puede acaso alguno impedir el agua, para que no sean bautizados estos que han recibido el Espíritu Santo también como nosotros? Y mandó bautizarles en el nombre del Señor Jesús. Entonces le rogaron que se quedase por algunos días (Hechos 10:44-48).

Presta atención el orden en que ocurrió todo aquí. Primero, Pedro predicó y "el Espíritu Santo cayó sobre todos los que oían el discurso". Segundo, los gentiles que recibieron el Espíritu Santo hablaron en lenguas y exaltaron a Dios. Entonces Pedro declaró que deberían ser bautizados en agua en el nombre de Jesucristo. Por último, Pedro parece haber permanecido unos días más y ólo podemos especular qué más hizo o enseñó en ese periodo de tiempo.

Observa la pregunta de Pedro a los otros judíos creyentes que estaban presentes sobre quién impediría a los gentiles ser bautizados, pues ya habían recibido el Espíritu Santo, de la *misma forma* en que ellos lo habían recibido previamente. ¿Cómo fue exactamente que Pedro y los otros discípulos lo recibieron? Si nos volvemos a Hechos 2, experimentaron un viento poderoso, lenguas de fuego sobre sus cabezas y hablaron en otras lenguas como el Espíritu los impulsó. No sería exagerado suponer que, en esta ocasión, el derramamiento de Espíritu Santo sobre los gentiles fue un evento espectacular. Pero una cosa es segura: obviamente hubo una similitud que Pedro y los judíos presentes pudieron señalar que *también* sucedió cuando recibieron el Espíritu Santo en el día de Pentecostés. Mi argumento es que, al menos, esa similitud serían las lenguas.

No es necesario que haya un retraso o pausa entre el momento en que alguien acepta a Jesucristo como su Señor y Salvador, y el momento en que habla en lenguas por primera vez. Sin embargo, algunos capítulos más adelante, veremos que algunos creyentes reciben el Espíritu Santo, hablan en lenguas y profetizan después de un largo intervalo –¡tan largo como veinte años!

> Aconteció que entre tanto que Apolos estaba en Corinto, Pablo, después de recorrer las regiones superiores, vino a Éfeso, y hallando a ciertos discípulos, les dijo: ¿Recibisteis el Espíritu Santo cuando creísteis? Y ellos le dijeron: Ni siquiera hemos oído si hay Espíritu Santo. Entonces dijo: ¿En qué, pues, fuisteis bautizados? Ellos dijeron: En el bautismo de Juan. Dijo Pablo: Juan bautizó con bautismo de arrepentimiento, diciendo al pueblo que creyesen en aquel que vendría después de él, esto es, en Jesús el Cristo. Cuando oyeron esto, fueron bautizados en el nombre del Señor Jesús. Y habiéndoles impuesto Pablo las manos, vino sobre ellos el Espíritu Santo; y hablaban en lenguas, y profetizaban. (Hechos 19:1-6)

Pablo se encuentra con unos individuos que eran discípulos de Juan Bautista por mucho más tiempo de lo que él ha sido salvo. Al encontrarlos, les preguntó si recibieron el Espíritu

Santo cuando creyeron. ¿Ahora, por qué Pablo haría esta pregunta si, por defecto, todos reciben el Bautismo cuando creen en Jesucristo? Obviamente, la comprensión de Pablo sobre el Espíritu Santo queda demostrada aquí, así que procede a imponerles manos y llevarlos a una experiencia mayor que supo, les faltaba. Por no mencionar que en ese momento hablaron en lenguas y profetizaron, ambas son evidencias vocales externas de que algo ha ocurrido.

RESUMEN

En conclusión, aún dándole una mirada superficial a las experiencias documentadas en el libro de los Hechos, podemos fácilmente concluir que la experiencia del Espíritu Santo que Jesús les dijo a los discípulos que pidieran en Hechos 1, es algo diferente a lo que cada cristiano experimenta en su salvación. Si lo recibimos automáticamente al ser salvos o regenerados, ¿cuál es el propósito al decirnos que lo pidamos o busquemos después?

---

1. Fuente desconocida.
2. Para mayor comprensión sobre la "semilla" que ha sido plantada en nosotros, mi libro electrónico *The Imperishable Seed of Christ* (La Semilla Imperecedera de Cristo) entra en más detalle.
3. Roger Stronstad, *The Charismatic Theology of St. Luke: Trajectories from the Old Testamente to Luke-Acts* (La Teología Carismatica de San Lucas: Trayectorias del Antiguo Testamento a Lucas-Hechos), (Baker Academic), Localización 1146, Kindle.
4. Ibídem., Localización 1523.
5. Frank D. Macchia, *Baptized in the Spirit: A Global Pentecostal Theology* (Bautizado en el Espíritu: Una Teología Pentecostal Global) (Zonderban), 101.

6. Stronstad, *The Charismatic Theology of St. Luke* (La Teología Carismática de San Lucas), Localizacion 1366, Kindle.
7. En un capítulo posterior veremos más sobre lo difícil que sería para los espectadores identificar su propia lengua en medio del alboroto.
8. Stronstad, *The Charistmatic Theology of St. Luke* (La Teología Carismática de San Lucas), Localización 1493).

CAPÍTULO 6

LAS LENGUAS NO SON PARA HOY

Muchos creyentes pueden aceptar el bautismo del Espíritu Santo como una segunda experiencia después de la salvación, como presentamos en los puntos del capítulo anterior; sin embargo, la mayoría se estancan ahí y tienen varias razones para creer que fueron sólo para la iglesia primitiva. Incluso he escuchado que muchos se sienten frustrados porque "no veo" que las lenguas solamente tuvieron el propósito de inaugurar la Iglesia en la tierra y después de ese período, no había razones para esperar la continuidad de señales, maravillas, milagros, o dones del Espíritu Santo. Muchos en el Cuerpo de Cristo no están de acuerdo con que el uso de lenguas sea para todas las épocas de la iglesia, insistiendo que únicamente estaba destinado a la primera iglesia como parte de una base fundamental de señales y maravillas que acompañarían la extensión del evangelio en el mundo de los gentiles.

En este punto sería muy valioso dar algunas definiciones. Primero, *glosolalia* viene del griego *glosa*, que significa "lengua" y, por otra parte *lalia* que significa "hablar", pero también algunas veces se refiere a *xenoglosia*, que implica hablar un idioma desconocido por quien habla. El término cesacionista es usado para describir a alguien que cree que los dones milagrosos del Espíritu Santo cesaron con la muerte del último apóstol o poco después. *Glosolalia*, en particular, también queda fuera del uso carismático cotidiano, ya que su propósito ha cesado también después de este período.

Este punto de vista, común entre los evangélicos, sostiene que los dones del Espíritu Santo como se presentan en la primera carta del apóstol Pablo a los Corintios, fueron para inaugurar e iniciar, pero no ser *normativos* para la vida de la iglesia después de entonces. Es decir, tuvieron propósito sólo para la iglesia primitiva cuando nació y luego nunca más fueron necesarios. Sin embargo, esto tiene tanto sentido como decir que la leche y los alimentos sólidos son solo para bebés en su infancia y después de eso, no necesitan vuelven a comerlos.

Un texto clave que sus defensores usan es 1 Corintios 13:8-12):

> El amor nunca deja de ser; pero las profecías se acabarán, y cesarán las lenguas, y la ciencia acabará. Porque en parte conocemos, y en parte profetizamos; mas cuando venga lo perfecto, entonces lo que es en parte se acabará. Cuando yo era niño, hablaba como niño, pensaba como niño, juzgaba como niño; mas cuando ya fui hombre, dejé lo que era de niño. Ahora vemos por espejo, oscuramente; mas entonces

veremos cara a cara. Ahora conozco en parte; pero entonces conoceré como fui conocido.

No deseo generalizar sobre mis hermanos y hermanas en Cristo, por lo que sería bueno reconocer que no todos mis amigos y colegas que descartan el uso contemporáneo de los dones del Espíritu Santo, se consideran cesacionistas así mismos. Muchos se juzgan abiertos al Espíritu Santo pero cautelosos en el uso de los dones, creyendo que no cesaron después del primer siglo, pero que mucho de lo que se supone como operaciones de los dones espirituales hoy, es sospechoso.

Basta decir que un gran número de creyentes que no se consideran pentecostales o carismáticos, están de acuerdo con el punto que voy a explicar, y creen que lo "perfecto" mencionado en el versículo 10 es la finalización de la Biblia. Por lo tanto, bajo este punto de vista, sí, hablar en lenguas y profetizar sería válido pero solamente hasta que lo perfecto haya llegado, es decir, la finalización del canon de la Escritura, según mencionan y creen.

Sostienen que ahora que se ha completado la Biblia, no necesitamos los dones del Espíritu, pues su propósito ya no es necesario. Para los cesacionistas, la iglesia primitiva era inmadura e infantil (Efesios 4: 11-13), y los dones y ministerios del Espíritu Santo se dieron para ayudar a madurar a la iglesia en su infancia. Ahora que la iglesia ha crecido por completo y más aun, ahora que tiene la Biblia, lo que inicialmente sirvió a su crecimiento ya no es necesario, de la misma forma en que un adulto no necesita más ser amamantado o que le cambien los pañales. Los dones simplemente sirvieron con un propósito para *esa* época.

Los carismáticos y pentecostales, por otro lado, interpretan este pasaje entendiendo que lo "perfecto" habla del cumplimiento de las edades, cuando nosotros, como creyentes veremos a Jesús cara a cara. Los dones fueron dados para crecer y madurar la iglesia en el cuerpo a la imagen de Jesucristo. La Biblia es la Palabra escrita que nos guía en los ministerios y funciones de los dones, y sirve como una ayuda importante en la vida cristiana. El punto de vista carismático es que todos los dones y ministerios del Espíritu están en operación hoy día, edificando el cuerpo hasta que alcance la plenitud de Cristo, puesto que claramente aun no estamos viendo a Jesús cara a cara.

En mi diálogo e interacción con varios amigos que sostienen una visión cesacionista, así como leyendo mucho sobre el tema a lo largo de los años, he llegado a la conclusión de que mis amigos evangélicos reconocerán y confirmarán que sí, cada vez que en el libro de Hechos los creyentes recibieron el bautismo del Espíritu Santo, hablaron en lenguas. Sin embargo, los cesacionistas declaran que se detiene allí y sólo estaba destinado a suceder en las diferentes etapas de inauguración de la iglesia. Después, los diferentes dones y señales no son necesarios porque ahora tenemos la Biblia. Entender el contexto de la carta de Pablo a los Corintios es importante para comprender correctamente lo que les estaba diciendo.

Los capítulos anteriores detallan varias inquietudes que Pablo tenía acerca de los Corintios, tales como demandas, inmoralidad sexual y el uso inapropiado de la libertad, lo que les impedía funcionar como una congregación local de forma madura y confiable. Esto nos lleva al capítulo doce de su carta sobre el uso apropiado de los dones espirituales.

Antes de abordar este asunto en particular, necesitamos saber que Pablo está escribiendo una carta correctiva para una congregación local específica. Ya les había declarado que lo que les estaba diciendo era en realidad leche (1 Corintios 3:2), y no comida sólida, porque no estaban listos para digerir la "carne" que había querido compartirles. Es decir, está llegando a lo básico con ellos y no va más allá. Compara la observación de Pablo en 1 Corintios 3 con lo que les dice a los creyentes judíos en el libro de Hebreos:

> Acerca de esto tenemos mucho que decir, y difícil de explicar, por cuanto os habéis hecho tardos para oír. Porque debiendo ser ya maestros, después de tanto tiempo, tenéis necesidad de que se os vuelva a enseñar cuáles son los primeros rudimentos de las palabras de Dios; y habéis llegado a ser tales que tenéis necesidad de leche, y no de alimento sólido. **Y todo aquel que participa de la leche es inexperto en la palabra de justicia**, porque es niño; pero el alimento sólido es para los que han alcanzado madurez, para los que por el uso tienen los sentidos ejercitados en el discernimiento del bien y del mal (Hebreos 5:11-14).

Si los corintios tampoco estaban capacitados en la palabra de justicia y vivían de la leche, entonces también nos vemos obligados a darnos cuenta que operar en los dones del Espíritu no son signos de madurez, pues estos individuos usaban los dones pero necesitaban ser corregidos en su uso.

Como maestro de Biblia que vive en Perú, entiendo la idea de encontrar formas claras de comunicar o enseñar algo cuando siento que es profundo. Muchas veces me dan el desafío de encontrar una manera sencilla de comunicar algo profundo para no abrumar a algunos de mis discípulos o alumnos. Sin embargo, en mi caso, me limita la desventaja de predicar o enseñar en español.

También paso una cantidad considerable de tiempo con algunos nativos que apenas saben leer y escribir, que quizás no hayan escuchado todos los sermones de vanguardia en un iPod, o incluso tenido acceso a la tecnología que tengo. Como tal, necesito comunicarme claramente y, algunas veces, cubrir cosas que pueden ser básicas y no "sustanciosas", al menos de acuerdo a algunos amigos que estuvieran presentes y escucharan mi enseñanza. Mi experiencia me ha ayudado a entender lo que Pablo pudo haber estado diciendo aquí: "Tengo mucho más para decirles pero todavía no puedo".

Basta con decir que también significa que nada de lo que Pablo enseñaría el resto de su carta iba a ser profundo. No son cosas profundas, sino más bien básicas. Mantén esto en mente mientras avanzamos en este capítulo y cuando regresemos a su carta a los Corintios en capítulos posteriores.

EL PROPÓSITO DE LOS DONES

1 Corintios 12 es una descripción de todos los dones espirituales fluyendo perfectamente unidos como se pretende en una comunidad de creyentes. Ningún don es más importante que el otro, sino que todos se necesitan para "el bienestar común" (1 Corintios 12:7). Luego, Pablo compara los dones al cuerpo humano y cómo cada parte es necesaria para el funcionamiento de la persona en su totalidad. Los asuntos fundamentales a los que se refería, era que los creyentes no estaban utilizando los dones apropiadamente y de manera edificante. Al parecer, cuando se reunían, algunos estaban comiendo y embriagándose frente a quienes tal vez no habían podido contribuir en esa reunión. La gente estaba siendo descuidada. Con respecto a los dones, algunos se paraban y declaraban lo que parecía ser mensajes en lenguas sin ninguna interpretación, mientras que los presentes no sabían qué estaba pasando. Entonces alguien más se paraba y trataba de sobrepasar al anterior.

Como resultado, los corintios se habían salido del camino y comenzaron a tratar de operar con los dones espirituales en la carne o en su propio esfuerzo. No estaban tratando de edificarse unos a otros, sino que se parecía a un concurso para ver quién era más espiritual. Fue en este contexto que Pablo estaba poniendo las cosas en orden y volviendo a lo fundamental. Los corintios no se amaban, sino que competían entre sí. Irónicamente, perdieron el propósito detrás de los dones. ¡Habían terminado usando los dones para demostrar que tan espirituales se creían! La falta de amor que se mostraban entre sí, era lo opuesto al propósito de los dones, que sirve de telón de fondo cuando llegamos al capítulo trece:

> Si yo (pudiese) hablase lenguas humanas y (aún) angélicas, y no tengo amor (ese razonamiento, intencional, devoción espiritual inspirada por el amor de Dios por y en nosotros), vengo a ser como metal que resuena, o címbalo que retiñe.
>
> Y si tuviese profecía (el don de interpretar la voluntad y propósito divinos), y entendiese todos los misterios y toda ciencia, y si tuviese toda la (suficiente) fe, de tal manera que trasladase los montes, y no tengo amor (el amor de Dios en mí), nada soy (soy inútil).
>
> Y si repartiese todos mis bienes para dar de comer a los pobres, y si entregase mi cuerpo para ser quemado, y no tengo amor (el amor de Dios en mí), de nada me sirve (1 Corintios 13:1-3, traducción libre entre paréntesis de la Biblia Amplificada en Inglés AMP).

Pablo les estaba diciendo que una cosa es que ellos puedan hablar en lenguas y operar en lo profético, pero que si no tienen amor, no significa nada. Dios nos ama y desea que nos amemos los unos a los otros. En Juan 13:35 Jesús mencionó que la gente conocería a Sus discípulos por su amor. Como un cuerpo de creyentes, debemos amarnos los unos a los otros. Si los corintios hubieran tenido amor entre ellos, no habrían estado compitiendo para operar en los dones. Demostraron que aun eran inmaduros.

En los siguientes versículos, Pablo establece la base de cómo es el amor de Cristo:

> El amor es sufrido, es benigno; el amor no tiene envidia, el amor no es jactancioso, no se envanece; no hace nada indebido, no busca lo suyo, no se irrita, no guarda rencor; no se goza de la injusticia, mas se goza de la verdad. Todo lo sufre, todo lo cree, todo lo espera, todo lo soporta. (1 Corintios 13:4-7).

En ese contexto, leemos el resto del capítulo en vista de la progresión a través de la carta de Pablo a los corintios hasta este momento. Si leemos este pasaje claramente, sin ninguna noción externa o pre-comprensión impuesta sobre el texto, se hace difícil llegar a la idea de que Pablo se estaba refiriendo al canon de las Escrituras en esta parte de su carta. Es decir, Pablo no está hablando de todos los libros de la Biblia que se compilarían en algún momento. El amor es el contexto y el telón de fondo, no la teología o el orden de la iglesia en sí.

> El amor nunca deja de ser (nunca se desvanece, se vuelve obsoleto o se termina); pero las profecías (el don de interpretar la voluntad y propósito divinos) se acabarán, y cesarán las lenguas, y la ciencia acabará (perderá su valor y será reemplazado por la verdad).
>
> Porque en parte conocemos (incompleto e imperfecto), y en parte profetizamos (nuestra enseñanza… incompleta e imperfecta).
>
> Mas cuando venga lo perfecto (total), entonces lo que es en

parte se acabará (se volverá anticuado, vació y reemplazado) (1 Corintios 13:8-10, traducción libre entre paréntesis de la Biblia Ampliada en Inglés AMP).

En este punto, Pablo está buscando mostrar que los dones son parte de un todo, y todos tienen un papel que jugar en la edificación de la iglesia en su totalidad (1 Corintios 14:26). La razón específica por la que tenemos comunión es amarnos unos a otros, contribuir a la revelación de Jesús en cada uno de nuestros corazones y levantarnos unos a otros en edificación. Por lo tanto, si no estamos usando los dones en amor, no son realmente útiles y se hacen ineficaces. Somos como un metal que resuena, o címbalo que retiñe.

Pero en la medida que maduramos como creyentes y como cuerpo de Cristo, no veremos en parte, sino como un todo, dejando las cosas infantiles y creciendo en madurez. En esta época actual, tenemos visiones proféticas de Jesús en Su Palabra, Su Espíritu y Su pueblo, pero un día lo veremos cara a cara por nosotros mismos. La intención de Dios es que la Escritura trabaje en unidad con su pueblo, revelando Quién es El. Necesitamos ambas cosas para conocerlo —una no reemplaza la otra.

CÓMO LA PARCIALIDAD DE LAS PERSONAS AFECTA LA LECTURA DEL TEXTO

Cuando viví en Holanda en mis veintitantos años, recuerdo que mi amigo Dan estaba liderando un estudio Bíblico para jóvenes adultos y nosotros experimentaríamos con este pasaje.

Preguntábamos a nuevos creyentes que nunca habían oído hablar del cesacionismo, qué pensaban respecto al pasaje. También hice lo mismo en algunas ocasiones con peruanos, ahora que vivo en Suramérica. El resultado ha sido siempre predecible. Generalmente, no se imaginan que esto significaba algo distinto de lo que Pablo claramente dice. Todavía no he visto a nadie llegar a la conclusión de que lo "perfecto" se refiere a la finalización del canon escritural, sin que alguien más se lo haya enseñado. Parece ser que alguien no llega a esta interpretación por sí mismo.

El Dr. Stephen Crosby está de acuerdo en que el cesacionismo es algo enseñado y no aprendido de las Escrituras:

> Si la Biblia fuese dada a un individuo sin ninguna exposición cristiana o bíblica, y este la lee, no sería un cesacionista como resultado de la lectura. El cesacionismo es deducido. Debe ser enseñado. Es una hermenéutica aprendida o adquirida, no el testimonio mismo de la Escritura.[1]

El Teólogo carismático reformado R.T. Kendall también sostiene este punto, escribiendo:

> Algunos entienden que lo "perfecto" se refiere a la Biblia: cuando la Iglesia finalmente acordó el canon final de las Escrituras. Aunque yo también estoy de acuerdo con que la Biblia es perfecta, eso no es a lo que se refería Pablo en 1 Corintios 13. Aunque se podría discutir que lo "perfecto" aquí se refiera a cuando estemos en el cielo, Pablo seguramente se refería al "amor perfecto", lo cual revela mi libro *Just Love*

[Sólo amor] (una exposición versículo a versículo de 1 Corintios 13).[2]

Pablo ha basando su carta en lo llamado amor, el mismo que un día cercano estaremos mirando cara a cara. Lo importante es que usamos los dones en el amor, porque ese día cuando todo haya sido revelado, no tendremos que profetizar acerca de alguien que en ese momento será conocido por completo. *Le estaremos viendo.* De todos modos, el amor permanecerá independientemente que los dones estén todavía en operación. También se debe notar que el conocimiento no pasará, ni siquiera en el cielo.

Por lo tanto, el fundamento está establecido para las instrucciones de Pablo sobre la operación de las habilitaciones espirituales: debemos perseguir el amor y desear intensamente los dones espirituales. El apóstol no hubiera señalado su uso y hubiera animado a los creyentes de Corinto a desearlos intensamente si esperaba que cesaran o no fueran necesarios en algún momento futuro. Como se establece, el flujo obvio de pensamiento y motivación aquí es el amor.

Ninguna parte el Nuevo Testamento dice que los dones del Espíritu Santo eran solamente para cierto período, para luego cesar, como lo enseñan los defensores de la doctrina cesacionista. Si leemos cuidadosamente el Libro de los Hechos, el resto de la epístola de Pablo a los Corintios y otros pasajes auxiliares sobre este asunto, vemos que probablemente ninguna razón clave para la incredulidad en este fenómeno sobrenatural esté basada en la Escritura. Dichos pasajes enseñan sobre su uso en reuniones públicas, pero en ninguna parte implican ni afirman que el uso de los dones –incluído entre otros, las lenguas– fuera solamente para la iglesia primitiva y no para la iglesia universal.

Jon Ruthven, profesor de Teología sistemática y práctica en la Universidad Regent, afirma que si la función de los *carismas* determina su duración, entonces sus funciones de edificación (más que simplemente las funciones evidentes) determinan su continuación.[3] Hasta que el Cuerpo de Cristo alcance la plenitud, cada creyente necesitará la llenura del Espíritu; por lo tanto, no podemos limitar a la iglesia primitiva la experiencia y uso de los dones carismáticos.

El Dr. Crosby también pone en duda la probabilidad que lo "perfecto" mencionado por Pablo, se refiriera al canon de la Escritura:

> Nadie diría que los versículos se refieren a un tiempo cuando las manifestaciones carismáticas se detendrán. El debate interpretativo se refiere a *cuándo*. Algunos cesacionistas sostienen que lo "perfecto" se refiere a la finalización del canon de la Escritura (alrededor del año 90 DC) con la muerte del último de los doce apóstoles originales.
>
> Unos de los principios básicos (y más vitales) de la interpretación bíblica es la intención original: un pasaje debe ser interpretado en la forma original que el autor y los oyentes la hubieran entendido.
>
> En 1 Corintios 13:8-10, no hay mención contextual de un canon de Escritura del Nuevo Testamento. Que los versículos

> se apliquen a un futuro canon del Nuevo Testamento habría sido totalmente extraño a Pablo y a sus oyentes.
>
> 1 Corintios es una carta personal escrita a propósito, probablemente en respuesta a una correspondencia anterior de los Corintios a Pablo, pidiéndole su consejo en algunos asuntos. Pablo no sabía que una futura generación de teólogos, cientos de años después de su muerte, canonizaría sus cartas como Escritura inspirada por Dios. Las interpretaciones y entendimientos en un tiempo determinado que ni el autor ni el oyente podrían haber poseído, deben ser rechazadas como lecturas que correspondan al texto.
>
> Pablo no necesariamente debió haber sabido que estaba escribiendo algo que se incluiría en Canon con sus otras epístolas. Esta era sólo una carta escrita a una iglesia.[4]

Al cerrar este capítulo quisiera terminar con una muy conocida historia de la iglesia que se aplica aquí. Se cuenta que el teólogo Tomás de Aquino fue llamado una vez por el Papa Inocente II, quien estaba contando una gran cantidad de dinero. El Papa comentó: "Ves, Tomás, la iglesia ya no puede decir 'No tengo plata ni oro…'". Aquino contestó, "Es verdad, santo padre, pero ahora tampoco puede decir: 'Levántate y anda'".

El hecho de que históricamente a la iglesia de ese momento ya no le faltaba dinero y aparentemente podía dar a alguien lo que pidiera, no era necesariamente un indicativo de la presencia de Dios si, de la misma manera, ya no podían realizar un milagro en su nombre. El hecho de que haya ocurrido no significa que se suponía que debía ser así. Del mismo modo, a lo largo de los siglos que siguieron a la inauguración de la iglesia primitiva, sólo porque los dones, incluso hablar en lenguas, se habían quedado inactivos, no indica que originalmente era lo que Dios quería.

---

1. Stephen R. Crosby, *Your Empowered Inheritance: Now!* (¡Tu Herencia Poderosa: Ahora!) (Stephanos Ministries), 176
2. R.T. Kendall, *Holy Fire: A Balanced, Biblical Look at the Holy Spirit's Work in our Lives* (Fuego Santo: Una mirada Equilibrada y Bíblica a la Obra del Espíritu Santo en Nuestras Vidas) (Charisma House), Localización 2301, Kindle.
3. Jon Ruthven, *On the Cessation of the Charismata: The Protestant Polemic on Post-Biblical Miracles* (La Sesación del Carisma: La Polémica Protestante de los Milagros Pos-bíblicos). http://hopefaithprayer.com/word-of -faith/on-the-cessation-of-the-charismata/ (Consultado el 18 Noviembre del 2013).
4. Stephen R. Crosby, Stephen R. Crosby, *Your Empowered Inheritance: Now!* (¡Tu Herencia Poderosa: Ahora!) (Stephanos Ministries), 137.

CAPÍTULO 7

LAS LENGUAS NO SON PARA TODOS – SON SÓLO UNO DE LOS MUCHOS DONES

Hasta ahora hemos aclarado que los pentecostales no suelen creer que no eres salvo a menos que hables en lenguas. Hemos establecido que el bautismo en el Espíritu Santo es una experiencia separada de la salvación y no está incluido en ella. Tal vez no creíste en esos conceptos erróneos no bíblicos, y tal vez no luches con la idea de que las lenguas son para hoy. Puede que te digas a ti mismo: "Steve, creo totalmente que son para hoy. Sólo que no creo que sean para todos. Son uno de los muchos dones, pero no son para todo el mundo". Ahí es donde me gustaría animarte a que dejes de perderte este don, si nunca lo has experimentado.

Repasemos los acontecimientos en el libro de Hechos cuando los creyentes en la iglesia primitiva recibieron el bautismo en el Espíritu Santo por primera vez y cuando los dones espirituales se introdujeron en el cuerpo de Cristo.

Dado que ya pasamos un rato mirando los cuatro momentos claves donde ocurrió el bautismo del Espíritu en el registro de Lucas, no seré demasiado repetitivo aquí. Nos limitaremos a abordar algunos textos de nuevo, pero con un énfasis diferente.

> Cuando llegó el día de Pentecostés, estaban todos unánimes juntos. Y de repente vino del cielo un estruendo como de un viento recio que soplaba, el cual llenó toda la casa donde estaban sentados; y se les aparecieron lenguas repartidas, como de fuego, asentándose sobre cada uno de ellos. Y fueron todos llenos del Espíritu Santo, y comenzaron a hablar en otras lenguas, según el Espíritu les daba que hablasen (Hechos 2:1-4).

Observa aquí, la primera vez que este evento es documentado en las Escrituras, ¿qué menciona? Vuelve a leer el pasaje anterior cuidadosamente y no trates de leer lo que realmente no dice.

Está bien, te daré una pista.

En *toda* la casa donde estaban hubo un sonido, y cada creyente tuvo lo que parecía ser una lengua de fuego sobre su cabeza. El texto *no* dice que el Espíritu Santo distribuyó una lengua de fuego en *algunas* de las cabezas como quiso, sino que la lengua apareció para posarse *sobre cada uno*. En la siguiente frase leemos que *todos* fueron llenos y comenzaron a hablar en otras lenguas. Si el don de hablar en lenguas es sólo uno de los muchos dones que se esperan y no debe recibir una atención especial, ¿entonces cómo Lucas no escribió: "Cuando el Espíritu Santo llegó, el don de sanidad se manifestó y la gente se levantó de sus sillas de ruedas"?

Ya sé, es porque no tenían sillas de ruedas en ese tiempo.

Está bien, ahí va un mejor ejemplo. Por qué no dice, "¿Entonces la gente se levantó y empezaron a profetizar cosas que pasarían en el futuro?" No se menciona nada más que una lengua que parecía una llama de fuego —o una llama que parecía una lengua— sobre cada una de sus cabezas, y que todos hablaron según el Espíritu les daba que hablasen. No vemos otra manifestación o don del Espíritu mencionado aquí, en el día inaugural del poder del Espíritu Santo, que no sea hablar en lenguas.

LOS SAMARITANOS CREEN EN EL EVANGELIO DE FELIPE

Como lo anotamos en un capitulo anterior, en Hechos 8 Juan y Pedro visitaron a los creyentes que habían aceptado el mensaje del evangelio en Samaria. Llegaron y les impusieron las manos para que reciban el Espíritu Santo, posiblemente semanas después de haberse convertido o recibido la salvación. El don de lenguas no es mencionado ninguna vez aquí, pero miremos el texto cuidadosamente y veamos algo interesante:

> Así que había gran gozo en aquella ciudad. Pero había un hombre llamado Simón, que antes ejercía la magia en aquella ciudad, y había engañado a la gente de Samaria, haciéndose pasar por algún grande. A éste oían atentamente todos, desde el más pequeño hasta el más grande, diciendo: Este es el gran

> poder de Dios. Y le estaban atentos, porque con sus artes mágicas les había engañado mucho tiempo. Pero cuando creyeron a Felipe, que anunciaba el evangelio del reino de Dios y el nombre de Jesucristo, se bautizaban hombres y mujeres. También creyó Simón mismo, y habiéndose bautizado, estaba siempre con Felipe; y viendo las señales y grandes milagros que se hacían, estaba atónito (Hechos 8:8-13).

En la presentación del evangelio de Felipe es obvio que hubo milagros que asombraron a Simón, un hombre que sin el poder del verdadero Dios viviente ya era capaz de hacer "milagros". Estaban pasando cosas que lo asombraron incluso a él, a quien la gente de Samaria se refería como "el gran poder de Dios". Todo esto está ocurriendo antes de que Juan y Pedro hayan llegado a imponerles las manos a todos para que también puedan recibir el Espíritu Santo.

Ahora recuerda, recibimos el Espíritu Santo en el momento en que nacemos de nuevo y aceptamos a Jesucristo como nuestro Señor y Salvador. Sin embargo, la fraseología o semántica aquí nos deja ver que había algo más que ellos no recibieron hasta que Juan y Pedro llegaron y les impusieron las manos.

> Cuando vio Simón que por la imposición de las manos de los apóstoles se daba el Espíritu Santo, les ofreció dinero, diciendo: Dadme también a mí este poder, para que cualquiera a quien yo impusiere las manos reciba el Espíritu Santo (Hechos 8:18-19).

He oído decir que, unos pocos versos después, la reprensión de Pedro acerca de que el corazón de Simón no era recto ante el Señor y que estaba en hiel de amargura (Hechos 8:21-23), indica que aun no era creyente y por lo tanto, no conocía algo mejor. Pero es improbable, porque el versículo 13 menciona que él creyó la predicación de Felipe con las señales y maravillas que asombraban a la gente. Sin embargo, una cosa que sí sabemos con certeza es que algo diferente estaba sucediendo cuando las personas recibieron el Espíritu Santo, algo que podría indicar de manera verificable para los observadores como Simón, que el Espíritu Santo había venido sobre quienes Juan y Pedro pusieron las manos, algo diferente a los milagros y señales que Felipe había realizado. Por lo tanto, es altamente improbable que la señal verificable de que los creyentes en Samaria estaban siendo llenos del Espíritu Santo, fuera algo que ya habían visto o experimentado antes de que se les impusieran las manos.

No seré dogmático al respecto, ya que las Escrituras no dicen específicamente qué fue lo que Simón vio en particular cuando las personas recibieron el Espíritu Santo, pero claramente hubo *algo* que demostró al resto de la gente que esto había sucedido. A juzgar por el patrón que observamos hasta ahora en Hechos 2 y lo que veremos dos veces más en los siguientes capítulos, es muy probable que sea *glosolalia*.

LOS GENTILES EN LA CASA DE CORNELIO

Un par de capítulos más tarde, Pedro tuvo una visión y se le dijo que fuera a la casa de Cornelio y le compartiera el evangelio. Cuando lo hizo, hubo señales que evidenciaron que también recibieron el Espíritu Santo, como lo habían hecho anteriormente los creyentes judíos:

> Mientras aún hablaba Pedro estas palabras, el Espíritu Santo cayó sobre todos los que oían el discurso. Y los fieles de la circuncisión que habían venido con Pedro se quedaron atónitos de que también sobre los gentiles se derramase el don del Espíritu Santo. Porque los oían que hablaban en lenguas, y que magnificaban a Dios. Entonces respondió Pedro: ¿Puede acaso alguno impedir el agua, para que no sean bautizados estos que han recibido el Espíritu Santo también como nosotros? (Hechos 10:44-47)

Es claro que los presentes con Pedro, "los fieles de la circuncisión que habían venido", pudieron observar que los creyentes gentiles también recibieron el Espíritu Santo, tal como ellos lo habían recibido. ¿Cómo lo supieron? Hubo una evidencia externa: "Porque los oían que hablaban en lenguas, y que magnificaban a Dios". No sólo recibieron el Espíritu Santo, sino que parecían que lo recibieron de una manera muy similar, excepto que no se mencionó un viento fuerte o lenguas de fuego sobre sus cabezas. Aquí se aclara que *hablaban algo* que indicaba a los presentes que les ocurrió lo mismo que a los demás que también habían recibido.

PABLO Y LOS DISCÍPULOS DE JUAN EN EFESO

Muchos años después de este evento, denotado por nueve capítulos de la narrativa, leemos el encuentro de Pablo con los discípulos de Juan el Bautista. Como lo vimos previamente, Pablo les preguntó si habían recibido el Espíritu Santo cuando creyeron, y contestaron de forma negativa, no sabiendo siquiera que había tal Espíritu Santo.

> Cuando oyeron esto, fueron bautizados en el nombre del Señor Jesús. **Y habiéndoles impuesto Pablo las manos, vino sobre ellos el Espíritu Santo; y hablaban en lenguas, y profetizaban.** Eran por todos unos doce hombres (Hechos 19:5-7).

En este encuentro, después de que Pablo les impuso las manos a los discípulos de Juan, el texto dice que comenzaron a hablar profecía y glosolalia. Si miramos cada ejemplo de los creyentes que recibieron el Espíritu Santo en el libro de Hechos, la abrumadora mayoría de las veces es acompañada con hablar en lenguas, como lo resumimos en la siguiente figura.

Figura 1: Recibimiento del Espíritu Santo en Hechos

Figura 1: Recibimiento del Espíritu Santo en Hechos		
Texto	**Personas**	**Acontecimiento**
Hechos 2:1-4	Los discípulos	Glosolalia y pablabras proféticas
Hechos 8:8-13	Los samaritanos	No registrado
Hechos 10:44-47	Los gentiles en la casa de Cornelio	Glosolalia
Hechos 19:1-6	Los discípulos de Juan Bautista	Glosolalia y pablabras proféticas

Vemos que en cada ejemplo del bautismo o recibimiento del Espíritu Santo registrado en Hechos, se produjeron expresiones proféticas o glosolalia o ambas cosas. Ningún otro don espiritual está documentado junto con el bautismo en el Espíritu Santo.

El propósito de hablar en lenguas como una señal o evidencia de recibir el bautismo del Espíritu Santo, no es indicar que la persona ahora es mejor, madura o más llena de poder que un creyente que aun no habla en lenguas. Lo comparo con poner la llave en el encendido del automóvil. Al hacerlo no hace más que encenderlo. Escuchas el motor arrancar y quizá algún humo sale del tubo de escape. No te detienes allí y dices: "¡Si, tengo un auto que hace ruido!", sino que vas y lo conduces hacia algún lugar. El motor comienza a hacer ruido como una señal o evidencia de que el motor trabaja y que puedes continuar y dar unas vueltas.

En ese sentido, hablar en lenguas indica meramente que el motor está encendido a un nuevo nivel de cuando estaba estacionado. Una vez la llave hace contacto con el encendido, y se gira, algo se enciende. Es lo mismo cuando el Espíritu Santo viene a alguien por primera vez después de la conversión.

Pero no te detienes ahí. El objetivo del bautismo en el Espíritu es ser un testigo en poder y llevar el evangelio con el acompañamiento de señales y maravillas a un mundo perdido y moribundo a tu alrededor (Marcos 16:15-18). Si alguien se emocionara porque su auto hace ruidos cada vez que pone la llave en el encendido, no estaría muy impresionado o emocionado con ellos. Pero si me pudieran llevar a dar un paseo en la autopista de Alemania o viajar a altas velocidades en una autopista, sería una evidencia aún mejor del poder que tiene su automóvil.

Igualmente, no te impresiones sólo porque alguien tiene la habilidad de hablar en lenguas. Es más importante que la vida de quien habla sea un testimonio poderoso. De la misma forma en que quieres que tu auto funcione, no deberías sólo desear hablar en lenguas, sino también ser un testigo de Cristo con poder.

Al cerrar este capítulo, quisiera recordarte que "don" es la traducción de la palabra griega *charisma*, que significa gracia, favor, o bondad. Un superior muestra charisma o favor a su inferior. Se usa cuando Dios da algo bueno a los hombres. Por lo tanto, si es para uno, entonces también es para todos. Sólo recíbelo y honra al Señor usándolo tanto como puedas.

CAPÍTULO 8

HABLAR EN LENGUAS ES EL MENOR DE LOS DONES

A algunos lectores les puede parecer extraño que esté incluyendo un capítulo sobre el orden en que el apóstol Pablo enumera los dones espirituales. Cuando comencé a escribir este libro, lo más visitado a través de los sitios de búsqueda en mi blog eran frases como "hablar en lenguas es el menor de los dones" o "Pablo pone las lenguas al final" y otras variaciones de esta consulta. Claramente, hay muchas personas que buscan en Google para encontrar información sobre el tema, lo que indica que obviamente es un asunto que necesita mucha claridad en el cuerpo de Cristo hoy. Aunque dedicaré menos tiempo a esta mentira en particular que a las otras, probablemente es la que oigo más frecuentemente.

¿POR QUÉ LE PONES UN ÉNFASIS EXCESIVO AL HABLAR EN LENGUAS?

De vez en cuando escucho a un oponente referirse a esta práctica como "el menor" don o "el menor de los dones", cuando en realidad no hay tal Escritura que declare que las lenguas son el menor de los dones. Tampoco hay indicios de que la lista de dones espirituales de Pablo esté ordenada en alguna clase de importancia. Es especialmente obvio cuando consideramos que en otras ocasiones en las que Pablo hace listas, no enumera las cosas en el mismo orden, por lo que llego a la conclusión que no era importante en el pensamiento de Pablo establecer una jerarquía de importancia. Al consultar con amigos que entienden el griego del Nuevo Testamento mejor que yo, queda claro que el orden de la lista de Pablo aquí, está en contradicción al orden enumerado en otros lugares de las Escrituras.

> Y a unos puso Dios en la iglesia, primeramente apóstoles, luego profetas, lo tercero maestros, luego los que hacen milagros, después los que sanan, los que ayudan, los que administran, los que tienen don de lenguas. ¿Son todos apóstoles? ¿Son todos profetas? ¿Todos maestros? ¿Hacen todos milagros? ¿Tienen todos dones de sanidad? ¿Hablan todos lenguas? ¿Interpretan todos? Procurad, pues, los dones mejores. Mas yo os muestro un camino aún más excelente (1 Corintios 12:28-31).

"Pero Steve, Pablo usa indicadores aquí, como *primero*, *segundo*, *tercero*, etc... Claramente se trata de un indicativo de importancia y orden". En su libro *Reimagining Church*, (Reimaginando la Iglesia), Frank Viola aborda este pasaje desde un punto de vista de lectura jerárquica en el texto donde no existe ninguna:

Otra vez, esta pregunta es un indicativo de nuestra inclinación al leer las Escrituras con lentes contaminados con la jerarquía humana. Es una debilidad peculiarmente occidental insistir en que cada relación se conciba en términos de un modo jerárquico de arriba / abajo. Por lo tanto, cuando vemos una lista ordenada en el Nuevo Testamento (como 1 Corintios 12:28), parece que no podemos evitar conectar los puntos de la jerarquía.[1]

El contexto con el que Viola está tratando esta porción de la Escritura, es el de la autoridad espiritual y la cobertura, como se señala en los primeros puntos de la lista que son los apóstoles, luego los profetas. Pero siento que se aplica aquí también, ya que el texto trata sobre la construcción de la iglesia. Viola declara:

Una lectura más natural de este pasaje entiende el orden para reflejar una prioridad lógica en lugar de una jerárquica. En otras palabras, el orden refleja el mayor don con respecto a la edificación de la iglesia. Esta interpretación se conecta bien con el contexto inmediato en el que aparece. (1 Corintios 12, 13, 14).[2]

Dado que los apóstoles ponen los cimientos de una iglesia, se enumeran primero en una perspectiva cronológica, no necesariamente de importancia, en el trabajo de establecer la iglesia. Sin embargo, a pesar de que los apóstoles figuran primero en la edificación de una iglesia, son vistos como los últimos a los ojos del mundo (Mateo 20:16; 1 Corintios 4: 9). Esto no indica que los dones son enumerados por importancia en un orden descendente, así como los números de las páginas en un libro no indican que el contenido de las primeras hojas es más importante sólo por ocupar un lugar en el inicio y no al final.

Miremos otros ejemplos de las listas que Pablo hace y reflexionemos si se trata o no de un orden que va desde lo más importante a lo menos importante, como algunos nos harían creer sobre los dones que él enumera en 1 Corintios 12. En Romanos, Pablo escribe:

> Porque de la manera que en un cuerpo tenemos muchos miembros, pero no todos los miembros tienen la misma función, así nosotros, siendo muchos, somos un cuerpo en Cristo, y todos miembros los unos de los otros. De manera que, teniendo diferentes dones, según la gracia que nos es dada, si el de profecía, úsese conforme a la medida de la fe; o si de servicio, en servir; o el que enseña, en la enseñanza; el que exhorta, en la exhortación; el que reparte, con liberalidad; el que preside, con solicitud; el que hace misericordia, con alegría. El amor sea sin fingimiento. Aborreced lo malo, seguid lo bueno. Amaos los unos a los otros con amor fraternal; en cuanto a honra, prefiriéndoos los unos a los otros (Romanos 12:4-10).

Luego, en Efesios, Pablo hace otra lista:

> Y él mismo constituyó a unos, apóstoles; a otros, profetas; a

otros, evangelistas; a otros, pastores y maestros, a fin de perfeccionar a los santos para la obra del ministerio, para la edificación del cuerpo de Cristo, hasta que todos lleguemos a la unidad de la fe y del conocimiento del Hijo de Dios, a un varón perfecto, a la medida de la estatura de la plenitud de Cristo; para que ya no seamos niños fluctuantes, llevados por doquiera de todo viento de doctrina, por estratagema de hombres que para engañar emplean con astucia las artimañas del error (Efesios 4:11-14.

En ambos pasajes de la Escritura, en comparación a la "lista" de 1 Corintios 12, el apóstol Pablo en estas listas enumera algunas de las mismas cosas pero en orden diferente. Además, las incluye inconsistentemente —es decir, coloca algunas cosas en una lista y no en otra, u otras que se pueden encontrar en diferentes partes del Nuevo Testamento.

Si comparamos la lista del ministerio de los dones en Efesios 4 con la de 1 Corintios 12, notaremos que ambas comienzan con apóstoles y profetas. Pero estoy convencido de que, como Pablo comienza ambas listas en Efesios y en Corintios de la misma manera, es posible que se refiera más a cargos o funciones en el cuerpo de Cristo, que a los dones en sí mismos.

"Steve, ¡simplemente te estás quedando colgado de la semántica!" Podrías estar pensando. Tendrías razón si no aclarara a qué me refiero. Es más probable que Pablo esté hablando sobre los mismos individuos *en reuniones públicas* que operarán en las funciones mencionadas aquí en el capítulo 12 de su carta a los Corintios. ¿Van a ser todos apóstoles por naturaleza? Por supuesto que no. ¿Son todos profetas? No. Algunos lo son, algunos no. Igualmente, tampoco todos funcionarán en el rol de interpretación de lenguas. Es un asunto que puede intensificarse si no distinguimos cuando Pablo se refiere a orar en un lenguaje personal, de cuando habla sobre los roles que asumen los creyentes en la edificación de la familia de la iglesia (y no edificando al individuo), en los capítulos 12 al 14.

El pensamiento aquí sobre un "don mayor", está en el contexto de edificar el cuerpo de la iglesia. Algunos plantan, como lo haría un apóstol, y otros riegan, como un maestro (1 Corintios 3:6). El uso de la metáfora de construir y edificar no indica una jerarquía de algún tipo con respecto a las herramientas utilizadas para edificar la iglesia. Todos los dones son útiles y dados a los creyentes en diferentes formas como el Espíritu lo crea conveniente.

INCONSISTENCIA EN EL ENFOQUE

Conozco muy pocas personas que utilizan este enfoque de orden de clasificación descendente con otras listas de Pablo en otras partes del Nuevo Testamento, como las listas de pecados que evitarán que los individuos hereden el Reino de Dios.

> Y manifiestas son las obras de la carne, que son: adulterio, fornicación, inmundicia, lascivia, idolatría, hechicerías, enemistades, pleitos, celos, iras, contiendas, disensiones, herejías, envidias, homicidios, borracheras, orgías, y cosas semejantes a estas; acerca de las cuales os amonesto, como ya

os lo he dicho antes, que los que practican tales cosas no heredarán el reino de Dios (Gálatas 5:19-21).

El último pecado mencionado que impediría a una persona entrar en el Reino de Dios, de acuerdo a la lista, es orgías y "cosas semejantes a estas". ¿Has oído a un creyente sugerir que las "orgías" son un "pecado menor" porque Pablo la menciona en último lugar en una lista? No lo creo.

Luego Pablo continúa hablando sobre el fruto que el Espíritu produce dentro del pueblo de Dios: "Mas el fruto del Espíritu es amor, gozo, paz, paciencia, benignidad, bondad, fe, mansedumbre, templanza; contra tales cosas no hay ley." (Gálatas 5:22-23). ¿Alguna vez algún creyente trató de decirte que el orden en que se menciona el fruto del Espíritu es de lo más importante a lo menos importante? ¿Alguna vez escuchaste a alguien decir que el dominio propio no es importante, o que es el fruto del Espíritu menos importante porque se menciona al final? Tampoco lo creo.

Para ser coherentes, los cesacionistas tendrían que admitir que la *interpretación* de las lenguas no es tan importante como las lenguas mismas –de acuerdo a esta "lista"– porque está enumerada debajo de las lenguas. Además, las palabras de sabiduría y conocimiento se clasifican primero y segundo en la supuesta lista de Pablo, cuando en realidad dijo que la "profecía" es más importante, así como las lenguas interpretadas. Cuando los cesacionistas dicen que el don de lenguas no es tan importante, están diciendo que profetizar no es importante tampoco. En Romanos 12, la profecía es el primer don de la lista, por encima de servir y enseñar. Es obvio que esta "clasificación" de convierte en un problema cuando comparamos Escritura con Escritura.

En 1 Corintios 12: 28-31, el enfoque cesacionista produce confusión, ya que solamente los tres primeros dones parecen estar enumerados en un orden de clasificación, y los demás dones agrupados en un cuarto lugar. Nota que los dones de milagros y sanidades están enumerados por encima de los dones de liderazgo administrativo. Nunca he escuchado a un cesacionista admitir o enseñar que la administración tiene poca importancia debido a su clasificación en otra lista de Pablo en Romanos.

Si seguimos este enfoque de "don menor" a su conclusión natural y lo usamos consistentemente, entonces aquellos que están en posiciones de liderazgo o administración no son importantes como los ayudan –"los que pueden ayudar a los demás"– porque también están por debajo en la lista. Los "mejores dones", de acuerdo a Pablo en estos capítulos, son "profecía" e "interpretación". Pero, por supuesto, en el capítulo 13 vemos que el "amor" es considerado el más importante.

Cabe mencionar nuevamente que Pablo estaba escribiendo a los corintios sobre su tiempo de comunión, o dicho de otra forma, sus servicios religiosos. Por lo tanto, para estas reuniones, parecería que la interpretación y la profecía son los dones más importantes, con "apóstoles" y "profetas" siendo los oficios o roles más importantes. Sin embargo, la mayoría de los individuos con los que me he cruzado también descartarían la importancia de los apóstoles y profetas, a través de manipulaciones hermenéuticas para negar el uso de los apóstoles y profetas en la iglesia contemporánea.

También, algunos amigos y colegas cesacionistas me han señalado que si miramos la única vez que Pablo parece mencionar los dones espirituales en su carta a los romanos, debemos notar que las lenguas no aparecen allí en absoluto. ¡Irónicamente, se les escapa que, en la misma lista, Pablo tampoco menciona el ser pastor! ¿Los cesacionistas realmente creen que pastorear no es tan importante porque no está en esta lista en particular? ¿Puedes ver como todo se desmorona si tratamos de aplicar esta lógica cada vez que Pablo menciona *algo* que parece tener un orden específico en sus cartas?

Esta lista de cosas parece ser una cuestión de escoger y elegir basado en posiciones denominacionales o convicciones personales más que en la Escritura misma. Si vamos a insistir que el orden en la lista es trascendental, entonces debemos asumir que la exclusión de algo en las listas de Pablo denota su falta de importancia. ¡Uno no puede tener ambas cosas! La cuestión de qué tan importantes son o no las lenguas, debería ser un punto discutible para cualquier debate en el asunto, ya que ninguno de nosotros puede juzgar lo que hace el Espíritu Santo.

Y para jugar aún más con lo absurdo del tema de la "lista," la Biblia también dice que el primero será el último y el último será el primero (en el contexto de la parábola de los trabajadores en la viña, Mateo 20:16). Contextualmente, eso no está hablando sobre el rol terrenal en el cielo o que la última persona en entrar al cielo será la primera. No le damos importancia al orden en cuanto a esto, pero si lo hiciéramos, veríamos que el rol que Pablo mencionó primero, el del apóstol, es también mencionado en otra parte como el último. ¿Cómo es entonces? Otra vez, no podemos tener ambas formas cuando se ajusta a nuestra conveniencia doctrinal.

En conclusión, la única distinción que Pablo hace es que hay dones que son más "eficaces" para la comunidad y tienen mayor beneficio, y serían corporativos en lugar de individuales, deben ser preferidos en un entorno corporativo. Esto no indica ni implica que algunos de los dones en sí mismos son más importantes que otros por el orden en que se nombran. Si así fuera, entonces Pablo habría sido consistente en la forma en cómo ordenó los puntos en sus listas. Se invita al lector a comparar Gálatas 5:16-25, Colosenses 3:5-9; y Efesios 5:1-16.

Los creyentes que apoyan este punto de vista, deberían desafiarse a mantenerlo constantemente en todos los pasajes que tienen listas. Fácilmente caemos en un error cuando interpretamos que el orden en que se mencionan los dones denota alguna importancia especial. ¿No será que la verdad del asunto es que estamos siendo nosotros decidimos cuáles dones son los más importantes? Verdaderamente, ningún don que venga de Dios deja de ser importante, aún si aparece último en una lista.

---

1. Frank Viola, *Reimagining Church* (Re-imaginando la Iglesia), (David C. Cook Publications), Localizacion 3736, Kindle.
2. Ibídem., localización 3736.

CAPÍTULO 9

LAS LENGUAS LEGÍTIMAS REQUIEREN UNA INTERPRETACIÓN

En la primera sección mencioné una iglesia carismática en las afueras de mi ciudad, de la cual un estudiante de la escuela Bíblica me dijo que me alejara. Fue él quien me dijo que te hipnotizaban al adorar por horas hasta que bajabas las guardias y terminabas por convencerte de todo lo que se había predicado. Como dije antes, generalmente preguntaba a los estudiantes de la escuela Bíblica Pentecostal si realmente creían y practicaban lo que me habían dicho. Por esa misma razón, una de las noches que asistí a un servicio de domingo, fui con un amigo que empezó también a la escuela Bíblica Brethren al siguiente año. Este amigo en particular, a quien llamaré Chris, era bastante más abierto a las cosas carismáticas que muchos de sus compañeros de clase, pero todavía tenía una confusión similar a la mía en ese momento.

Durante la adoración, la que a veces era espontanea, algunos líderes permanecieron en la plataforma. En un momento, comenzaron a guiar a la congregación usar los dones espirituales, particularmente las lenguas con interpretación, y profecía. El pastor principal declaró que uno de los presentes tenía un mensaje en lenguas y alguien más tenía la interpretación. Inmediatamente, alguien gritó lo que parecía ser una declaración profética. Para mi sorpresa, el pastor lo interrumpió diciendo: "Hermano, este no es el momento de dar palabras proféticas, por favor espere un poco". Me pareció extraño que alguien pudiera permitir y detener lo profético, así que puedes imaginarte que me sentí de la misma manera con el don de lenguas.

Alguien tuvo una declaración en lenguas y momentos después alguien más compartió la interpretación. Luego, cuando mi amigo y el resto de nuestro grupo fuimos a McDonalds, le pregunté qué pensaba del servicio, pues sabía que iba por primera vez. Chris me dijo que le agradaba, pero lo que más le gustó fue que los pastores se aseguraron de que hubiera una interpretación, pues "no se supone que hables en lenguas a menos que alguien las interprete". En ese momento, me inclinaba más a estar de acuerdo con él, pero fue entonces cuando uno de nuestros amigos que servía en esa congregación nos explicó que en una reunión, sí se requiere una interpretación, pero en privado no era necesario. Esa noche tuve poco que aportar a esa discusión y sólo escuché mientras se destacaban algunos buenos puntos.

La razón por la que este malentendido en particular prevalece tanto en la iglesia hoy en día, es porque no se enseña mucho acerca de las diversidades de las lenguas. Tenemos mucha confusión sobre cuándo exactamente el don de lenguas requiere una interpretación y cuándo no, pues muchos en la iglesia imponen, sin saberlo, el mismo conjunto de reglas en cada manifestación.

He escuchado diferentes agrupaciones y categorizaciones de lenguas, Sin embargo, a partir de la Biblia y de la experiencia personal, puedo ver que hay hasta cuatro manifestaciones diferentes del don de lenguas. El Espíritu Santo es Quien impulsa cada diversidad de lenguas y podemos ver en las Escrituras sus diferencias. Las veremos una por una, sin embargo debo recordar al lector que no están listadas en ningún orden de importancia.

Interpretación de Lenguas (1 Corintios 14:5).

Esta manifestación de lenguas se suele usar o presentar en reuniones públicas y, por lo general, consiste en la interpretación que da otro creyente o el mismo que habló en lenguas. En pocas palabras, se produce cuando un mensaje se da en un idioma desconocido (lengua) y luego se interpreta. La mayoría sólo entiende superficialmente lo que Pablo le dijo a los corintios: "Así que, quisiera que todos vosotros hablaseis en lenguas, pero más que profetizaseis; porque mayor es el que profetiza que el que habla en lenguas, a no ser que las interprete para que la iglesia reciba edificación" (1 Corintios 14:5). Por tal motivo, si le preguntas a un creyente no carismático en ciertos círculos, te dirá que si las lenguas son legítimas, tiene que haber interpretación.

Lenguas con profundos gemidos de intercesión (Romanos 8:26).

Esta diversidad en particular, se puede manifestar durante un profundo sufrimiento o intercesión, pues el Espíritu Santo puede guiar al creyente en la oración. Es una manifestación en la que un creyente individual puede moverse y experimentar, ya sea en público o no. Lo que mi entendimiento de la Escritura me lleva a concluir es que normalmente no puede hacerse a voluntad. Quizás estemos orando algo parecido a gemidos que no entendemos y pedirle al Señor que nos revele lo que estamos orando en nuestra propia voz y Él puede hacerlo.

No sabemos cómo orar en ciertas situaciones, pero el Espíritu Santo sabe. Si nos rendimos a Dios, Él puede guiarnos a interceder por otros en nuestra vida, como familia y amigos, y aún por aquellos que no conocemos, como líderes o personas que nunca hemos conocido. Cuando llegamos a esta clase de intercesión, el Señor responde nuestras oraciones pues el Espíritu Santo, quien es un miembro de la Trinidad, las motiva. Si estás dispuesto a permitir que el Señor te use de esta manera, él lo hará. Sin embargo, igualmente al don corporativo de lenguas e interpretación, un creyente no puede simplemente entrar en este tipo de intercesión en cualquier momento que desee. Podemos acercarnos confiadamente al Trono de Dios en nuestro tiempo de oración con un corazón honesto y decirle al Señor que nos sentimos cargados por una situación o circunstancia, y Él puede llevarnos a interceder.

Las Lenguas como una señal para el no creyente (1 Corintios 14:22).

Esto es lo que pasó en el día de Pentecostés en Hechos 2. Esta manifestación ocurre cuando el Espíritu Santo sobrepasa o transciende las barreras del intelecto y el lenguaje del creyente habilitándolo para predicar, testificar, o enseñar sobre Cristo utilizando un lenguaje humano conocido, pero sin que haya aprendizaje o conocimientos previos por parte de quien habla.

Esta es muy similar a la primera manifestación, y es por esto que algunas personas agrupan las dos cuando distinguen las diversidades de lenguas. Sin embargo, lo diferenciaría es que, de acuerdo a la Escritura, esta no parece requerir una interpretación. Y se puede corroborar aún más cuando vemos que los oyentes abajo, escucharon que en el aposento alto se hablaba su propio idioma, lo que indica claramente que entendieron las lenguas, lo que eliminaría la necesidad de que haya un intérprete presente.

Un ejemplo de este tipo de manifestación sería cuando Dios capacita a un creyente para hablar en una lengua humana conocida que nunca antes habían hablado, pudiendo haber o no otro creyente presente para dar una interpretación. Pero digamos que una de las personas presentes oye que se habla en su lengua nativa y le trae convicción o le muestra que Dios es real. Sería similar a las lenguas como señal para los no creyentes. Personalmente, nunca lo he experimentado aun en mi vida o ministerio, pero sé que está sucediendo.

Como misionero en Perú y hablando inglés, francés y español con fluidez, no sería absolutamente ningún milagro si yo me parara en una reunión y empezara a hablar en uno de esos tres lenguajes. No habría forma que Dios reciba gloria en esta situación porque ya conozco estos tres idiomas y puedo hablar francés y español cuando quiero. Inglés es mi lengua nativa, en caso que no sea obvio. Pero supongamos que viajo a la selva de Pucallpa, más al interior de donde vivimos actualmente en Perú. En esta área hay una tribu llamada los Shipibos, y si les quiero comunicar y predicar efectivamente, necesito ir con un intérprete que entienda español y Shipibo, pues es altamente improbable encontrar un intérprete que hable inglés, mi lenguaje nativo.

Sigamos suponiendo, con fines ilustrativos, que viajo allí una semana y la primera noche que voy a predicar mi intérprete es empujado por una cabra hacia un precipicio y comido vivo por una manada de glotones rabiosos que estaban reunidos alrededor de un tonel de residuos tóxicos sobre el que cayó. Oye, mi ejemplo hipotético es inventado, ¿acaso no puedo ser creativo? Así que ahora, gracias a un conjunto de eventos poco usuales y desafortunados, no tengo un intérprete o traductor pero aún así estoy programado para predicar en reuniones día y noche durante la semana. Si el Espíritu Santo viniera a mí en ese momento y me habilitara para hablar y predicar en Shipibo, entonces eso sería un ejemplo de su manifestación en lenguas.

Pero vamos un poco más lejos. En mi ejemplo inventado, un pueblo entero fue testigo de la muerte de mi intérprete y oyó que había un gringo (un turista, básicamente) que estaba predicando en su dialecto sin haberlo aprendido. Así que vienen a la reunión y, en su propio lenguaje, predico sobre el pecado y comienzo a llamar a las personas por su nombre, diciéndoles que se arrepientan. Llamo a alguien más por su nombre, que es prácticamente imposible de pronunciar correctamente, pero de alguna manera Dios me permite hacerlo y también le digo que Dios los ama y suplirá sus necesidades. Mientras mi prédica continúa, alguien más me escucha hablar sobre la aventura amorosa que ha tenido por diez años sin que nadie lo sepa. Como resultado, la aldea entera se arrepiente de sus pecados y acepta a Jesús como su Señor y Salvador, y se desata un avivamiento. Ese sería un gran ejemplo del don de lenguas como una señal para el no creyente.

A mi parecer, aunque pueda ser muy similar a la primera manifestación, podemos ver a través de las escrituras las diferencias sutiles. Algunos creyentes juntan estas cuatro clases en solo dos categorías: una para uso público y la otra para uso privado. Pero una manifestación como esta sólo se requiere o es necesaria, si hay no creyentes. Estuve en reuniones carismáticas y pentecostales donde algunos hablaron en otro idioma y hubo un intérprete, y para todos los efectos, no estoy seguro de cómo eso es una señal para los no creyentes. Eso es más fácil determinar si estás en una pequeña reunión y conoces personalmente a cada persona.

Otras veces he visto personas hablar en lenguas y momentos después interpretarla ellos mismos. Ahora, no voy a interponerme en el camino si el Señor es Quien verdaderamente lo está haciendo, pues sus caminos no son nuestros caminos, ¿pero no tendría más sentido que alguien tenga una palabra profética en ese tipo de caso? Otra vez, sólo estoy haciendo preguntas aquí. El Señor puede obrar como quiera en una reunión, pero creo que a menudo los carismáticos no empleamos escrituralmente este tipo de lengua en muchas de nuestras reuniones.

Lenguas para edificación personal (1 Corintios 14:4).

Las puse en último lugar, pero de ninguna manera es el menor de los dones (¿ves lo que hice aquí?). También quiero dedicarle a esta manifestación un tiempo considerable el resto del capítulo, ya que es la más común y quizás la más singular de las anteriores.

Definiría esta diversidad de lenguas como el lenguaje sobrenatural que el Espíritu Santo ora a través nuestro y que podemos usar poco o mucho, según deseemos. Este don está disponible para todo creyente después del bautismo del Espíritu Santo. A diferencia de las otras tres manifestaciones, así como de cualquiera de los otros dones de señales que Pablo menciona, esta es la única en la que podemos operar a voluntad.[1]

En Juan 14:17, Jesús dijo que el Espíritu Santo estaría con nosotros *y* en nosotros. Son dos cosas diferentes. El Espíritu Santo está con nosotros *corporativamente* como un cuerpo de creyentes, y está con el creyente *individualmente,* es decir dentro de nosotros. Él edifica a la iglesia y también edifica al creyente de forma individual.

En 1 Corintios 3:16, Pablo le dice a la iglesia de Corinto que ellos, como una iglesia, son colectivamente el templo del Espíritu Santo. No todas las traducciones de la Biblia lo hacen obvio. La Biblia Amplificada dice que la iglesia es el templo colectivo del Espíritu Santo, y la persona individualmente es el templo del Espíritu Santo. Compara esto con 1 Corintios 6:19, donde se nos dice que nuestro *cuerpo* es un templo del Espíritu Santo.

Esto también es parte de la razón por la cual, cuando los creyentes son bautizados en el Espíritu Santo en algún momento después de su experiencia de salvación, tienen a su disposición diferentes variedades del don de lenguas. Cada versión del "templo" del Espíritu Santo, ha manifestado este fenómeno. En un entorno corporativo, el Espíritu Santo distribuye los dones libremente según lo considere conveniente, pero podemos buscar y desear operar en algunos más que en otros, para el beneficio del *resto del cuerpo de la iglesia*. Para una persona el Espíritu Santo puede distribuir la versión corporativa del don de lenguas, y a otro creyente la interpretación en un marco público. Es verdad –no todo creyente tiene la versión *corporativa* del don de lenguas. Estoy convencido que es a lo que Pablo se refiere –el entorno de la iglesia local– cuando preguntó en 1 Corintios 12:30, "¿Todos hablan en lenguas? ¿Todos interpretan?"

Sin embargo, cada don del Espíritu Santo que opera colectivamente en el cuerpo de Cristo tiene una versión "individual" para el creyente. Todos pueden profetizar (1 Corintios 14:31), cada creyente puede hablar en lenguas (Marcos 16:17), y cualquiera que crea puede imponer las manos en los enfermos (Marcos 16:18), y así sucesivamente.

DEFINICIONES GRIEGAS

En 1 Corintios 14:4, Pablo dice quien habla en una lengua desconocida se edifica a sí mismo. La palabra *edificar* viene del griego *oikodomeo,* que significa construir una casa o levantar un edificio. Literalmente significa construir hacia arriba, especialmente un edificio o estructura. Un edificador es el que planea, diseña, o construye tales edificios.

Oikodomeo tiene la misma raíz que *oikodome,* que es similar en definición, pero también enfatiza el acto del que promueve el crecimiento de otro en sabiduría cristiana, piedad, felicidad y santidad. Similar, un *oikos* –que no debe ser confundido con el yogurt griego del mismo nombre, popular en Norte América–, es literalmente "familia extendida" u "hogar." Ejemplos de *oikos* son usados en Romanos 16:3-5 y 1 Corintios 16:19. También es el nombre del ministerio al que mi esposa Lili y yo pertenecemos en Chorrillos, Perú.

Continuando con el tema de edificación y construcción, cuando los creyentes de la iglesia primitiva se reunían en comunión, no se parecía a una mega iglesia con una plataforma o ministros en el púlpito, no había un equipo de alabanza que ministraba mientras el 80% de la congregación se sentaba y observaba. La mayoría de las veces, los creyentes locales se reunían en casas y en pequeños grupos (*oikos*).[2]

Así que, mientras más entendamos qué es la edificación, más entenderemos este proceso de edificarse a sí mismos, que literalmente tiene que ver con renovar, mejorar y fortalecer las fundaciones del "templo" del Espíritu Santo. Al someternos al Espíritu Santo, Él edificará la revelación de todo lo que Cristo es en nosotros, nuestra esperanza de gloria, y construirá en nosotros el carácter de Cristo.

Dicho esto, hay un don de lenguas que edifica el templo *colectivo* del Espíritu Santo (1 Corintios 14:5, 22), y hay un don de lenguas que edifica los templos *individuales* del Espíritu Santo. Por lo tanto estoy convencido que de las cuatro diversidades de lenguas mencionadas anteriormente, dos de ellas son para el beneficio de la reunión corporativa de creyentes, de las cuales una va acompañada de interpretación, que también podría incluir un idioma natural.

Una visión útil sobre lenguas e interpretación, viene del autor James C. Davidson:

> La interpretación es la otra mitad de un dúo útil de dones que traen mensajes de Dios a la iglesia para su edificación. Un mensaje en lenguas debe ser interpretado, de otra forma no puede ser entendido. Pero orar en lenguas no necesita interpretación. Es para Dios, no para los hombres. Para el que habla en lenguas, la diferencia entre un mensaje en lenguas y orar en lenguas es tan obvia como la diferencia entre predicar y orar, para un predicador.[3]

Los otros dos tipos del don de lenguas son para el creyente individual en un nivel más personal, es decir, para la edificación personal o para ser edificados en nuestra fe. La interpretación viene en forma de revelación y/o fortaleza en el espíritu del creyente. Cada creyente puede beneficiarse del uso personal de estas lenguas, pero los conceptos erróneos y la falta de experiencia les han impedido a muchos evangélicos entrar en el reino del espíritu.

Como hemos dicho, el don para uso personal es algo que cada creyente puede tener después del bautismo del Espíritu Santo. Cada vez que se habla del bautismo del Espíritu Santo en Hechos, va acompañado de la manifestación de otras lenguas y, en Hechos 19, con profecía. Ambas son herramientas de edificación y revelación que involucran el *hablar*.

Respecto a esta distinción, Pablo dice "Pero en la iglesia prefiero hablar cinco palabras con mi entendimiento, para enseñar también a otros, que diez mil palabras en lengua desconocida" (1 Corintios 14:19). Esto no niega el valor de hablar en lenguas en privado para edificación personal, sino refuerza que cuando nos reunimos con otros creyentes, es beneficioso edificar a otros y no sólo a nosotros mismos. Por lo tanto, si la glosolalia tiene lugar en una reunión, debe cumplir con las pautas en la segunda o tercera manifestación que hemos enumerado, y en esas condiciones tiene sentido que sea necesario un intérprete.

---

1. Cubrimos parte de la siguiente sección en la conclusión sobre la confesión de mi libro anterior, *Increase your Faith* (Aumenta tu Fe). Los lectores de ese libro recordarán el resto de este capítulo, pero allí tocamos muy meramente la importancia de orar en lenguas en otro

contexto. Aquí, me gustaría profundizar y acercarme más desde otro ángulo.
2. Este libro no profundizará en el tema de las iglesias orgánicas o en casas por razones de brevedad y alcance. Para leer más sobre eso, alentaría al lector a explorar el libro de Frank Viola *Reimagining Church: Pursuing the Dream of Organic Christianity* (Re-imaginando la Iglesia: Persiguiendo el Sueño del Cristianismo Orgánico), al que ya nos hemos referido.
3. James C. Davidson, *The Happy Gift of Tongues* (El Don Feliz de las Lenguas), Localización 1211, Kindle.

CAPÍTULO 10

LAS LENGUAS SON SÓLO LENGUAJES CONOCIDOS

Por cinco años he tenido casi un 100% de éxito cuando impongo manos en los creyentes para que reciban el bautismo del Espíritu Santo, con la evidencia de hablar en lenguas. Creo que se debe a que paso tiempo con las personas y descubro exactamente cuáles son sus inhibiciones o qué objeciones teológicas les impiden recibirlo. Si tengo que pasar una hora con alguien respondiendo todas sus preguntas, lo hago. Si están listos y sólo necesitan alguien que les imponga las manos, entonces lo hago y les doy espacio para que hablen en su nuevo lenguaje de oración por un minuto aproximadamente, fingiendo ni siquiera estar allí.

Hago esta clase de cosas para ayudar a la gente a relajarse y no sentirse nerviosos sobre lo tonto pueda sonar. Tal vez han pasado años creyendo cosas erróneas sobre hablar en lenguas, así que no apresuro el proceso cuando finalmente están abiertos a recibir. Nunca les hago repetir algo que yo digo, sino que los animo y guío a que digan las silabas que el Espíritu Santo les está inspirando a decir.[1]

De todos modos, la razón por la que digo tener *casi* el 100% de éxito en lugar de obtenerlo *completamente,* es porque me demoro con cada persona individualmente, si es posible, removiendo cada barrera que pueda tener. No me gusta pararme frente a una multitud o hablar en un micrófono y simplemente orar por una audiencia llenas de personas que están buscando esta experiencia porque, con mucha frecuencia, eso lleva a las personas a creer que han recibido algo de Dios – ¡lo que es verdad! Sin embargo, dado que en esa situación puede que no sepan cómo dejar salir su nuevo lenguaje de oración, es más fácil para ellos irse creyendo que han recibido el bautismo del Espíritu Santo sin hablar en lenguas, así que podrían asumir que no es necesario el uso de este don. Por esta razón prefiero tratar uno a uno, o pequeños grupos, para ayudarles a solucionar cualquier problema que puedan tener.

Otra razón de que mi "porcentaje de éxito" no alcance el 100%, es por mi amigo ucraniano llamado Dima, quien hace bajar mi promedio.

EL SENTIDO DEL HUMOR DE DIOS

Antes de continuar leyendo, necesitas saber que mi amigo Dima y su esposa me dieron permiso de escribir su historia, así que me ofrecí a cambiar sus nombres en caso que estuvieran preocupados que la comparta con millones de personas que van a leer este libro. Bueno, quizás sólo sean miles. Por respeto a su privacidad solamente usaré sus primeros nombres y nada más.

Conocí a Dima cerca de Rotterdam, Holanda, a principios del 2007, cuando yo vivía allí como un misionero. Unos amigos en común nos presentaron, pues él también era un extranjero viviendo en Holanda, y enseguida nos hicimos amigos. En poco tiempo me encontraríamos visitando casi semanalmente el apartamento donde vivían él y su esposa (Tanya) al otro lado de Rotterdam. Dima tenía un gran don para enseñar el creacionismo y el Génesis y, finalmente, pude ayudarlo a producir y organizar un seminario en una de las universidades locales con otro joven que buscaba realizar ese tipo de actividades en su campus.

Con el tiempo, comencé a cenar y asistir a un estudio bíblico basado en *Alpha Course* en el departamento de Dima y Tanya todos los miércoles por la noche. Al terminar, pasaba *por lo menos* una hora contestando las inquietudes y objeciones que Dima tenía sobre el bautismo del Espíritu Santo y hablar en lenguas. A veces sentía que íbamos en círculos respondiendo las mismas preguntas. Pero afortunadamente, sabía que Dima era serio en su búsqueda de respuestas a sus inquietudes y no sólo discutía por gusto. Él no era tonto y tenía mucho conocimiento de las Escrituras y al ir respondiendo sus preguntas, sentía que se agudizaba mi comprensión de por qué creo en las Escrituras y el hablar en lenguas como lo hago. Algunas de las cosas que aprendí durante esos meses las he desarrollado en este libro.

Una vez, su esposa me animó diciendo que todas esas horas,

semana tras semana, no eran una pérdida de tiempo, y que su esposo también era así al principio con el creacionismo. Me dijo que él necesitaba respuestas a sus preguntas y a lo que parecían ser "contradicciones" en las Escrituras. Entonces, ella me aseguró que una vez que él lo entendiera, llegaría a ser un excelente apologista en las cosas del Espíritu Santo, así como lo era con el creacionismo. Asumí que el mismo tipo de pasión iba a tomar lugar solamente si ejercitaba mi paciencia y le daba todo el tiempo que necesitara con el asunto de hablar en lenguas.

Un miércoles en la noche, Dima me dijo que vendría el sábado a *Firehouse*, que era el nombre del café del cual formé parte como misionero. Me dijo que creía que iba a ser lleno del Espíritu Santo esa noche. Lo animé a que no esperara hasta el sábado y fuera llenado en ese momento, pero al final no pude convencerlo. Él estaba seguro de que el próximo sábado en la noche era *la* noche, así que accedí.

Era sábado en la noche y Dima y Tanya llegaron a Firehouse. Para evitar ser una distracción para los demás presentes, bajamos al sótano donde Frank, mi líder y Joel, mi compañero de habitación fuimos junto a otros presentes a imponer manos en Dima y a orar para que recibiera.

Oramos.

Y oramos.

Y como en otras ocasiones, nada parecía estar pasando.

Al final la gente fue desapareciendo como imagino que sucedió cuando Jesús dijo que quien no tuviera pecado tirara la primera piedra a la mujer sorprendida en adulterio. Dima y yo continuamos conversando arriba en uno de los sofá amarillo brillante después que la mayoría se fuera a dormir. Llegó la hora de cerrar, todo el mundo salió y sólo nosotros seguíamos sentados allí. Me quedé con Dima porque yo tenía una de las llaves del edificio y mi líder estuvo de acuerdo en que nosotros cerráramos al salir. Finalmente, llegaron las 11:00 p.m. y supe que mi racha del 100% de obtener que la gente hablara en lenguas iba a terminar, pues ya estaba cansado y parecía que no iba a pasar esa noche. Dima estuvo de acuerdo, pues también necesitaba volver a su casa y tenía que tomar el metro mientras que yo vivía a sólo unas cuadras. Pero la confusión que el compartió conmigo acerca de por qué no recibió, fue contagiosa, pues tampoco entendí lo que el Señor pretendía con esa demora.

No recuerdo cuántas semanas pasaron, pero algún tiempo después, Benny Hinn estaba haciendo una cruzada en Rotterdam y Dima y su esposa fueron. Recuerdo saber sobre la cruzada pero, por alguna razón, no fui. La próxima vez que vi a Dima, me sonrió de oreja a oreja y me dijo que *finalmente* había sido bautizado en el Espíritu Santo y que ahora hablaba en lenguas. No sólo me sentí aliviado por la emoción de que hubiera recibido este don espiritual que cambia vidas –del que sabía que Dima se beneficiaría–, sino también porque ya estaba empezando a preocuparme de que no ocurriera. Si ya había sido bautizado o no en el Espíritu Santo en alguna ocasión antes de hablar en lenguas por primera vez, lo dejo a tu interpretación, pero de cualquier forma él estaba satisfecho con lo que había encontrado en su búsqueda.

Me contó que en la cruzada hubo un llamado a pasar al frente y recibir oración por algo que ya se me olvidó. Dima explicó que se puso en pie para avanzar y cuando salió al pasillo, cayó al piso. Lo describió como si el Espíritu Santo lo hubiera derribado y al levantarse, estaba hablando en lenguas. Compartió la noticia conmigo creyendo que estaría muy contento. Y lo estaba. Pero también estaba un poco molesto con Dios pensando que en los últimos meses había pasado horas con Dima contestando todas sus objeciones y orando por él ¿Y ahora Dios creyó oportuno simplemente derribarlo al piso y dárselo?

No es gracioso, Dios. No es nada gracioso.

¿"GOOGLEANDO" TU GLOSOLALIA?

De todos modos, en el otoño de ese año, volví a Canadá a recaudar fondos para el próximo año, y debido a diversas circunstancias y al cambio eventual de la dirección de Dios para mi vida y ministerio, me retrasé en regresar a Holanda y No volvería a ver a Dima por algún tiempo. La siguiente parte de mi vida sería otra historia, pero basta con decir que por la divina providencia, el verano de 2008 estaba de nuevo en Holanda recogiendo mis pertenencias porque ahora me estaba preparando para mudarme a Perú y comenzar una nueva misión allí, donde todavía me encuentro hasta el día de hoy, —¡y me encanta!

Durante esa visita, Dima me preguntó si alguna vez había hecho algo que, al oírlo explicar, debo admitir que nunca antes pensé u escuché de alguien que lo hiciera. Me preguntó si alguna vez "googleé" mis lenguas para ver si eran lenguajes humanos. Por supuesto que no lo había hecho ¿Quién podría hacer una cosa tan loca? Pero como sabía que Dima era un creyente sólido y al que *nunca* lo consideraría loco, lo escuché y dejé que me explicara lo que había descubierto.

Ahora, antes de proceder a mostrarte y decirte lo que aprendí de él esa noche, debes comprender que no estoy tratando de construir una doctrina sobre lo siguiente. Sólo te mostraré algo interesante. La experiencia *nunca* triunfa sobre la Palabra de Dios. Fue simplemente un descubrimiento interesante y espero que te anime.

Poco después de Dima, su esposa también recibió el don de lenguas y parecía que ella sólo podía o era inspirada a decir tres palabras. Así que ella decidió buscar en Google esas tres palabras. Las deletreó en su lenguaje nativo de Rusia y en la forma que pensó que las estaba pronunciando. La primera palabra que buscó la llevó a una especie de diccionario que traducía esa palabra como "verdad" en Kazajstán. Esto emocionó a Dima pues no era sólo una palabra aleatoria, como "mesa", "dedo" o algo así, sino una palabra que sentía que se relacionada directamente con el evangelio –verdad.

Así que Dima intentó lo mismo y escribió, en ruso, su primera palabra en la búsqueda de Google y el primer resultado que mostró fue un sitio mesiánico judío. Para su emoción, descubrió que era la palabra Hebrea para "espíritu." En el hebreo uno de los nombres del Espíritu de Dios es *Ruach Elohim,* y esta primera búsqueda en Google animó a Dima, pues podrían haber estado diciendo palabras y frases en idiomas conocidos.

Dima encontró sitios web de diccionarios y nombres de bebés para cada una de las siguientes diez palabras que buscó y que había anotado en su diario, y nos distraería demasiado si investigamos en más detalle lo que aprendí. Tuve a Dima en un episodio posterior de mi podcast para discutir el proceso por el que pasa para determinar si algo es realmente una palabra, y pensé que la discusión sería extraña y divertida, pero unos meses después de haberlo subido a Internet, miles de personas lo habían descargado. Durante un tiempo fue el episodio más descargado del Podcast *Fire on your Head (Fuego Sobre tu Cabeza)*, hasta que publiqué uno con los autores S.J. Hill y Dr. Stephen Crosby sobre "The New Jezabel (La Nueva Jezabel)" y ese episodio batió el récord en número de oyentes.

¿SÓLO LENGUAJES CONOCIDOS?

Compartí todo esto para decir que estoy totalmente abierto a la idea de que cuando los creyentes se edifican a sí mismos en su espíritu interior orando en el Espíritu Santo, es muy posible que puedan estar hablando lenguajes humanos. Algunos cesacionistas y otros que no creen en hablar en lenguas, a menudo rechazan el don con la objeción de que las lenguas son solamente lenguajes conocidos.

Notarás que cuidadosamente redacté el título de esta sección de que las lenguas son *sólo* lenguajes conocidos. Obviamente, pueden ser otros lenguajes terrenales, pues tenemos la Escritura que lo respalda. Pablo menciona en 1 Corintios 13:1 la habilidad de hablar en lenguas de hombres (lenguajes humanos conocidos) como también lenguas angelicales (algún tipo de idiomas espirituales), pero que ninguna de ellas tiene importancia sin amor. Además, aparece en Hechos 2 cuando el Espíritu Santo vino a los creyentes en el aposento alto, pues las personas que estaban en la parte de abajo eran de otras culturas y naciones, y oyeron hablar sus propias lenguas.

Como resultado, algunos toman estos pasajes de la Escritura para enseñar erróneamente y afirmar que cada vez que uno habla en lenguas, debe ser en un lenguaje humano conocido o, de lo contrario, no son realmente lenguas. Dicen que los carismáticos y pentecostales que hablan en lenguas no lo hacen correctamente sino que simplemente balbucean, hacen ruidos, o como escuché varias veces, se hipnotizan. Su línea de pensamiento sugiere que, en Hechos 2, el Espíritu Santo vino sobre los creyentes y hablaron en idiomas conocidos. Al parecer, la palabra griega que Pablo usa en otras partes de sus escritos, indica lenguas humanas conocidas —según me han dicho, pero no estoy seguro de por qué es importante. Y la razón es porque, como ya mencionamos, los que estaban presentes en el día de Pentecostés oyeron a la gente en el aposento alto hablar en sus lenguas.

¿LENGUAS CONOCIDAS O NO? REALMENTE NO IMPORTA

No estoy en desacuerdo con ninguno de los hechos presentados sobre si los presentes oyeron hablar diferentes lenguas ese día, pues eso es lo que parece haber ocurrido. Sin embargo, no estoy de acuerdo con la interpretación y el énfasis dado al hecho de que eran lenguas conocidas, como si creara alguna clase de distintivo para colgar el sombrero teológico. Echemos un vistazo a ese pasaje por un momento:

> Moraban entonces en Jerusalén judíos, varones piadosos, de todas las naciones bajo el cielo. Y hecho este estruendo, se juntó la multitud; y estaban confusos, **porque cada uno les oía hablar en su propia lengua.** Y estaban atónitos y maravillados, diciendo: Mirad, ¿no son galileos todos estos que hablan? ¿Cómo, pues, **les oímos nosotros hablar cada uno en nuestra lengua en la que hemos nacido**? Partos, medos, elamitas, y los que habitamos en Mesopotamia, en Judea, en Capadocia, en el Ponto y en Asia, en Frigia y Panfilia, en Egipto y en las regiones de Africa más allá de Cirene, y romanos aquí residentes, tanto judíos como prosélitos, cretenses y árabes, les oímos hablar en nuestras lenguas las maravillas de Dios. Y estaban todos atónitos y perplejos, diciéndose unos a otros: ¿Qué quiere decir esto? Mas otros, burlándose, decían: Están llenos de mosto (Hechos 2:5-13).

Se me hace difícil creer que la gente en el aposento alto estuviera necesariamente hablando lenguas conocidas. ¿O qué tal si lo hubieran hecho? Eso no invalida que en 1 Corintios 13 Pablo menciona hablar en lenguas de hombres *y* de ángeles. Sólo piensa en la probabilidad de poder distinguir tu propio idioma cuando aproximadamente doce personas están reunidas en un salón y cada una hablando diferente lengua. Si todos hablaron uno a la vez, entonces sí, podrías entender lo que dijeron. Pero sería una hazaña notable si pudieras entender *una* lengua en particular saliendo de los doce si todos están orando o adorando al mismo tiempo y en voz alta.

¿De verdad crees que alguien es capaz de distinguir clara y decisivamente su propio idioma de la multitud si hubiera ciento veinte personas hablando al mismo tiempo en diferentes idiomas? ¡Eso es aun más improbable! Por tal motivo, este milagro es mucho más notable que tan sólo gente expresándose en nuevos idiomas que nunca antes habían hablado. Es muy dudoso que estuvieran hablando uno a la vez, pues como vemos había probablemente ciento veinte individuos allí. Y si toda esa gente estuvieran orando uno a la vez, no estoy seguro de que todavía fuera temprano en la mañana (Hechos 2:15).

El milagro que ocurrió en Pentecostés no fue necesariamente lo que se *habló*, el milagro fue lo que *escucharon* aquellos de otras regiones que no estaban en el aposento alto. He aquí por qué lo sé: esto ha sucedido antes en las Escrituras, donde un grupo de personas presenció lo mismo pero escuchó algo diferente:

> Padre, glorifica tu nombre. Entonces vino una voz del cielo: Lo he glorificado, y lo glorificaré otra vez. Y la multitud que estaba allí, y había oído la voz, decía que había sido un trueno. Otros decían: Un ángel le ha hablado. Respondió Jesús y dijo: No ha venido esta voz por causa mía, sino por causa de vosotros (Juan 12:28-30).

Cuando una voz habló desde los cielos glorificando a Jesús, las personas presentes oyeron cosas contradictorias, pero ese es el punto: los oídos de algunas personas estaban abiertos para escuchar un trueno; mientras que al mismo tiempo, otros estaban abiertos a escuchar el sonido de la voz que habló, la que algunos atribuyeron a un ángel. Para ser justos, es probable que no se dieran cuenta que era la voz de Dios. Un trueno y una voz son sonidos radicalmente diferentes, tanto como los idiomas entre sí y los presentes pudieron haber escuchado algo diferente ese día.

No importa si las personas en el aposento alto hablaron en lenguas conocidas o no; los demás no habrían podido escucharlo sin una intervención milagrosa de Dios que les permitiera hacerlo.

---

1. Entraré en más detalles sobre cómo guiar a alguien hacia el bautismo del Espíritu Santo en el apéndice de este libro.

CAPÍTULO 11

HABLAR EN LENGUAS ES SÓLO UNA EVIDENCIA DEL BAUTISMO

Partes de este capítulo fueron escritas por Brian Parkman. Hace unos años vi que le hicieron algunas preguntas en su muro de Facebook y pensé que dio una respuesta tan estelar que nunca se me hubiera pasado por la cabeza. Con su permiso, la modifiqué para incluir sus palabras en una publicación del blog en *Fire Press,* la cual eliminé, reformulé y edité para incluir aquí como un capítulo propio, con algunos de mis propios comentarios adicionales. Como resultado, sería inapropiado no darle crédito por escribir este capítulo conmigo.

¿LA VERDADERA EVIDENCIA? (BRIAN PARKMAN)

A Brian le hicieron la siguiente pregunta: "¿Crees que hablar en lenguas es la única evidencia verdadera del bautismo del Espíritu Santo?" Y esta fue su respuesta:

No, pero es la única evidencia *inicial verificable* de que uno ha sido bautizado en el Espíritu Santo. Déjame explicarte: el bautismo del Espíritu Santo es exclusivo del creyente del Nuevo Testamento. Por lo tanto, debemos tener una evidencia *inicial* que también sea exclusiva del Nuevo Testamento para saber que fueron llenos en el momento en que estamos orando por ellos. De lo contrario, ¿cómo podríamos saber que fue lleno en ese momento? Cuando Pedro y los hermanos fueron a la casa de Cornelio en Hechos 10, y el Espíritu Santo cayó sobre los gentiles, ¿cómo sabían que el Espíritu Santo había venido sobre ellos?

"Porque los oían que hablaban en lenguas" (Hechos 10:46). Esa fue la única evidencia *inicial* que tuvieron. De otra forma ¿cómo hubieran sabido? El propósito final de recibir al Espíritu Santo es poder, pero la evidencia inicial son las lenguas, de lo contrario no hay forma de saber que definitivamente fueron llenos al orar por ellos.

Puede que te preguntes, "¿Qué pasa si al imponer las manos para que sean bautizados y sólo profetizan?" Pues no sería una evidencia concluyente de que fueron bautizados en el Espíritu Santo porque también profetizaron en el Antiguo Testamento. El Espíritu Santo puede simplemente venir sobre ellos en ese momento y profetizan, pero no significa necesariamente que han sido llenos con el Espíritu Santo, porque en el Antiguo Testamento también profetizaron sin ser bautizados en el Espíritu Santo.

Una experiencia única en el Nuevo Testamento necesita evidencia igualmente única al Nuevo Testamento para saber que han recibido la experiencia del bautismo en el Espíritu del Nuevo Testamento. Cualquier otra evidencia que puedas nombrar para "probar" que fueron bautizados en el Espíritu Santo, también ocurrió en el Antiguo Testamento. Pero las lenguas no sucedieron bajo el Antiguo Pacto, sino que son exclusivas del Nuevo Pacto, por lo tanto, es la única evidencia inicial concluyente que tenemos para saber que fueron bautizados en el Espíritu Santo en ese momento.

EJEMPLOS DE LOS DONES EN EL ANTIGUO TESTAMENTO (STEVE BREMNER)

El *don de palabra de sabiduría* revela una fracción de la mente de Dios con respecto a personas, lugares o cosas pertenecientes al futuro. Moisés le dijo a Israel qué les pasaría si desobedecían la voz de Dios cuando salieron de Egipto y entraron en la Tierra Prometida; así como Samuel le dijo a Israel todo lo que les pasaría si nombraban un rey sobre ellos.

Una *palabra de conocimiento*, en contraste a lo anterior, es una revelación del Espíritu Santo dando una parte del conocimiento de Dios o información con respecto a personas y situaciones en el presente. Josué recibió una palabra de conocimiento sobre por qué no pudieron conquistar la ciudad de Hai (Josué 7:10-13). Eliseo supo por revelación milagrosa la localización del campamento Sirio, impidiendo que Israel fuera atacado (2 Reyes 6:8-23).

Discernimiento de Espíritus es la habilidad sobrenatural de ver en el mundo espiritual –por esta percepción el creyente puede ver ángeles, demonios y discernir la condición del espíritu humano, ya sea bueno o malo. Por ejemplo, cuando Eliseo oró para que se abrieran los ojos de su siervo y vio los ejércitos de ángeles de Dios que los rodeaban (2 Reyes 6:17).

El *don de fe* es una manifestación sobrenatural del Espíritu Santo dando *fe sin límites* en una situación específica para alcanzar resultados sobrenaturales, como lo demuestra el ejemplo de Daniel en el foso de los leones (Daniel 6:23).

Para nuestros propósitos, estamos definiendo los *dones de sanidades* como la impartición sobrenatural del poder divino de sanidad a través de nosotros para curar enfermedades y sanar a los enfermos y afligidos instantáneamente —en particular, siendo ungidos para ministrar sanidad a tipos específicos de enfermedades. Esto pasó *muchas* veces en el Antiguo Testamento y asumimos que el lector puede pensar en algunos ejemplos por sí mismo.

Sin embargo, lo que distingue el *obrar milagros* de los dones de sanidad, es que este se trata de un don especial momentáneo de autoridad que nos permite, mediante la unción de Dios, intervenir en el curso ordinario de la naturaleza para hacer algo que no es posible naturalmente. Un verdadero milagro debe implicar la suspensión de las leyes naturales en el curso ordinario de la naturaleza. Los ejemplos incluyen la multiplicación del aceite de la viuda (2 Reyes 4: 1-7), abrir el Mar Rojo y caminar sobre tierra seca (Éxodo 14: 13-31) y la cabeza del hacha flotante (2 Reyes 6: 1-7), entre muchos otros.

¿POR QUÉ LA EVIDENCIA DEL BAUTISMO EN EL ESPÍRITU NO ES PROFETIZAR O TENER EL DON DE PROFECÍA? (STEVE BREMNER)

El don de profecía es una expresión sobrenatural en una lengua conocida —no concebida por pensamiento o razonamiento humano—, que se habla bajo la unción de Dios para exhortar, edificar, alentar, fortalecer y consolar a la iglesia. F.F. Bruce dice que la profecía es "declarar la mente de Dios en el poder del Espíritu", mientras que un profeta es "un orador divinamente llamado e inspirado que recibe revelaciones autorizadas directamente del corazón de Dios y está obligado a entregarlas públicamente".

Para continuar la línea de pensamiento de Brian (de que podemos encontrar en el Antiguo Testamento algunas Escrituras que muestran personas operando todos los dones del Espíritu mencionados en el Nuevo Testamento, a excepción del don de lenguas), señalaré al Rey Saúl. En 1 Samuel 10, cuando el profeta Samuel lo ungió como rey de Israel, dice que el Espíritu del Señor vino sobre él y profetizó con los profetas (1 Samuel 10:6, 9-13). Más tarde, una vez que él se desvió del camino y trató de matar al joven David, quien había sido designado por Dios para reemplazarlo, dice: "El Espíritu de Jehová se apartó de Saúl, y le atormentaba un espíritu malo de parte de Jehová" (1 Samuel 16:14).

En este momento, el Espíritu de Dios se apartó de Saúl y no caminó más en ninguna clase de unción, sino que ahora era atormentado por un espíritu malo (¡de parte de Dios!). Un tiempo después, durante el que Saúl trataba de matar a David

–lo cual no es el buen fruto de alguien que tiene el Espíritu Santo–, en 1 Samuel 19:23-24 dice:

> *Y fue a Naiot en Ramá; y también vino sobre él el Espíritu de Dios, y siguió andando y profetizando hasta que llegó a Naiot en Ramá. Y él también se despojó de sus vestidos, y profetizó igualmente delante de Samuel, y estuvo desnudo todo aquel día y toda aquella noche. De aquí se dijo: ¿También Saúl entre los profetas?*

Así que rectifiquémoslo: En el Antiguo Testamento, antes de la obra de Cristo en la cruz y antes que los creyentes pudieran ser salvos y tener el Espíritu Santo viviendo dentro, vemos ejemplos de reyes asesinos desviados del camino de Dios profetizando desnudos cuando el Espíritu venía sobre ellos. Por lo tanto, no diría que profetizar sea necesariamente una evidencia de ser llenos del Espíritu. En todo caso, este ejemplo puede usarse para alentar a los creyentes del Nuevo Testamento de que profetizar es *más fácil* de lo que pensamos y que todos pueden hacerlo. Animaría al lector a que leyera detenidamente 1 Corintios 14 para mayor información sobre los dones en una congregación local.

¿LOS DONES Y EL FRUTO SIN EL BAUTISMO? (BRIAN PARKMAN)

La siguiente pregunta que le hicieron a Brian fue "¿Podemos mostrar el fruto del Espíritu y los dones del Espíritu sin ser bautizados en el Espíritu Santo?" Él respondió:

Si, uno puede mostrar el fruto del Espíritu sin ser bautizado en el Espíritu Santo. Porque no se trata del *fruto del bautismo* del Espíritu Santo, sino del fruto de ser *nacido* del Espíritu, o ser nacido de nuevo. Hay muchos cristianos que caminan en el fruto del Espíritu y no están bautizados en el Espíritu Santo.

Ahora, si la pregunta se refiere a si uno camina *en los dones* del Espíritu sin ser bautizado en el Espíritu Santo –hablando en términos generales, no. Toma por ejemplo el don de sanidad. Una persona puede sanar a un enfermo aun sin ser bautizado en el Espíritu Santo, porque puede orar con *fe* y la persona puede recibir su sanidad a través de la fe. Pero eso, hablando en términos estrictos, no es necesariamente un don del Espíritu, sino la fe de la persona que oró. Smith Wigglesworth sanó a muchas personas antes de ser bautizado en el Espíritu Santo porque creía en la sanidad divina y tenía la fe para ello. La fe funciona aún sin ser bautizados en el Espíritu Santo.

Como hablar en lenguas es la única evidencia de ser bautizados en el Espíritu Santo que es *exclusiva* al Nuevo Testamento, las lenguas son la evidencia única y concluyente para saber que alguien fue bautizado en el Espíritu Santo. Alguien podría estar sanando a las personas, pero definitivamente eso no me muestra que esté bautizada en el Espíritu Santo, pues también hubo sanidades bajo el Antiguo Pacto, sin que haya bautismo del Espíritu. Quizás tenga una fe muy fuerte para sanidad o podría estar ministrando la Palabra de sanidad tan bien que aquellos por quienes ora se sanan por su propia fe. También podría ser una dotación de poder temporal como en el Antiguo Testamento –como cuando el Espíritu vino sobre el rey Saúl, a quien podemos considerar un malvado en ese momento de su vida.

Así que las lenguas, siendo el único don del Espíritu que no aparece en el Antiguo Testamento, llega a ser el don exclusivo que nos permite "ver" en la vida de una persona que fue bautizada en el Espíritu Santo, en el sentido del Nuevo Testamento. Los demás dones no consideraríamos concluyentes porque el Antiguo Testamento nos muestra que alguien puede operarlos sin ser bautizado en el Espíritu Santo. Teóricamente, uno podría operar en los dones sin ser bautizado en el Espíritu Santo, porque sería una dotación temporal del Espíritu Santo para ese momento pero, generalmente, la mayoría de la gente que ves operando en los dones, son bautizados en el Espíritu Santo.

Para resumir, no sugeriría que hablar en lenguas es sólo una de las muchas evidencias del bautismo en el Espíritu, porque podemos ver operaciones de los otros dones de alguna forma en el Antiguo Testamento antes que el Nuevo Pacto fuera representado con el Espíritu Santo habitando en nosotros. Para tener evidencia de un Nuevo Pacto, se necesita que haya alguna señal exclusiva del Nuevo Pacto, la que creemos que es el don o señal de hablar en lenguas.

CAPÍTULO 12

NO SE PUEDE HABLAR EN LENGUAS POR VOLUNTAD PROPIA

Como misionero, algunas veces me encuentro con personas en Perú que pueden hablar en lenguas pero no tienen la iniciativa propia de hacerlo. Están esperando lo que yo llamo "una experiencia de validación". Por ejemplo, quizá al ser bautizados en el Espíritu Santo por primera vez tuvieron una experiencia espectacular. Tal vez cayeron al suelo, tuvieron fuertes sensaciones de éxtasis, risa incontrolable o alguna otra experiencia similar. He notado lo siguiente: debido a que también pudieron hablar en lenguas en esa ocasión, generalmente asumen que necesitan tener experiencias igual de espectaculares de nuevo o de lo contrario, hablar en lenguas no es "legítimo".

Escuché a mis estudiantes en nuestra escuela ministerial mencionar cómo "sabían" que era apropiado hablar en lenguas o fluir en su lenguaje de oración debido a una unción que podían sentir tangiblemente en sus cuerpos o emociones, y que les daba confianza para orar en el Espíritu. Ahora, cuando se trata del don corporativo en una congregación con otros creyentes presentes donde se requiere una interpretación sí, eso sería apropiado. Animaría a otros a obedecer la guía del Señor en esos momentos, pero no cuando se trata de edificar tu propio hombre interior a través de hablar en lenguas, usando el lenguaje personal de oración. Puedes ceder a este último a voluntad. Puedes comenzar y tomar la iniciativa. A un gran hombre de Dios, Smith Wigglesworth, se le atribuye una cita que dice: "¡No espero que el Espíritu me mueva; yo muevo el Espíritu!". A quienes piensan que necesitamos una experiencia de validación o que Dios "sólo hace cosas en su propia soberanía", esa cita puede sonarles bastante arrogante y blasfema, pero les aseguro que no lo es.

Este es uno de los mayores conceptos erróneos que los carismáticos y pentecostales tienen. Cada vez que guío a la gente en oración para recibir el bautismo del Espíritu Santo, los animo a esperar hablar en lenguas mostrándoles el texto en Hechos 2. Entonces le pido a alguien leer en alta voz los versículos 3 y 4 y le pregunto *quién* estaba hablando. Tres de cuatro veces la primera respuesta es "el Espíritu Santo." Pero cuando miramos al texto en varias traducciones invariablemente dice que *ellos* (las personas) hablaron según el Espíritu les daba que hablasen, o como el Espíritu "los guiaba." Si estás leyendo esto y nunca antes has hablado en lenguas debido a ideas erradas como esta, permíteme derrumbar esta barrera por ti.

¿Te has sentido alguna vez "guiado" por el Espíritu Santo a compartir una palabra con alguien? Quizá estabas orando por un amigo para que le entregara su vida a Jesús y el Espíritu Santo pone en tu corazón llamar a esa persona por teléfono, y en obediencia a ese gentil empujón tomas el teléfono y lo llamas. No lo sabías, pero tu llamada resultó ser muy oportuna, porque exactamente en ese momento necesitaba ánimo. No fue el Espíritu Santo quien llamó a tu amigo, fuiste tú.

Sobre el don de lenguas, Jack Hayford dice lo siguiente:

> El milagro de hablar en lenguas es un caso de cooperación entre la humanidad y la deidad. Hablamos en lenguas espirituales porque escogemos permitirle al Espíritu Santo expresarse a través de nosotros de esa manera. El Espíritu Santo es la fuente —nosotros cooperamos. Esto no significa que nosotros perdemos control de nuestras habilidades y el Espíritu Santo se hace cargo. Dios nunca obra así. Él nos da un don y tenemos que escoger ejercitarlo. Dios no hace nada sin que participemos y nos asociemos con Él. Al contrario, cada vez que hablamos en lenguas estamos ejercitando nuestra fe y cooperando con el Espíritu Santo[1]

Me gusta comparar la "guía" a hablar en lenguas con otras guías de parte del Espíritu Santo. Eres capaz de controlarte a ti mismo. Eres capaz de decidir si hacerlo o no. Puedes ignorar la guía de llamar a una persona o declarar una palabra profética a alguien más. Las lenguas vienen del mismo lugar en tu hombre interior donde el Espíritu de Dios está comunicándose contigo. Simplemente estás escogiendo poner tu propia voz a estas silabas de sonido extraño y dejarlas salir de tu propia boca.

Sobre esto, el apóstol Pablo dijo: "Porque si yo oro en lengua desconocida, mi espíritu ora, pero mi entendimiento queda sin fruto. ¿Qué, pues? Oraré con el espíritu, pero oraré también con el entendimiento; cantaré con el espíritu, pero cantaré también con el entendimiento (1 Corintios 14:14-15).

Nota que escoge un verbo que denota cómo usa su propia voluntad, o su propia fuerza de voluntad, al hacer esta oración: "*oraré* con mi mente y también *oraré* con mi entendimiento". Mi experiencia personal y mi comprensión de estas palabras de la Escritura, me indican que el creyente tiene completo control de sus facultades. Por lo tanto, concluyo que hablar en lenguas es muy simple y realmente no es complicado en absoluto. Así que Pablo se refirió a esta experiencia como *orar sin entendimiento* o, de lo contrario, no hubiera hecho la comparación con ocasiones cuando oró y cantó con el entendimiento.

LA EDIFICACIÓN NO ES UN SENTIMIENTO

Personalmente, el 95% de las veces no siento nada cuando oro en lenguas. En ese momento, puede que no entienda sobre lo que estoy orando, pero la comprensión viene más tarde en forma de revelación, conocimiento de las Escrituras o sensibilidad al Espíritu. Por tal motivo, Pablo mencionó en el versículo 13 que deberíamos orar por una interpretación de las lenguas que hablamos. ¿Por qué? Para que podamos beneficiar a otros:

> Porque si bendices sólo con el espíritu, el que ocupa lugar de simple oyente, ¿cómo dirá el Amén a tu acción de gracias?

pues no sabe lo que has dicho. Porque tú, a la verdad, bien das gracias; pero el otro no es edificado. Doy gracias a Dios que hablo en lenguas más que todos vosotros pero en la iglesia prefiero hablar cinco palabras con mi entendimiento, para enseñar también a otros, que diez mil palabras en lengua desconocida (1 Corintios 14:16-18).

Entonces sí, en una reunión corporativa, sería mucho más beneficioso para los demás si hablaras en un idioma que todos los presentes comprendieran. Sin embargo, Pablo no estaba prohibiendo hablar en lenguas o insistiendo en cierta clase de condiciones para el lenguaje personal de oración.

Aquí en Perú, cuando nos reunimos, muchas veces tenemos tres idiomas representados: el primero y el más común es el español, pues es el idioma nativo aquí; en segundo lugar está el inglés, que hablan los misioneros como yo; y el tercer idioma es Shipibo, la lengua nativa que algunos miembros de nuestra comunidad hablan en la jungla de donde provienen. Dado que el español es el idioma que todos tenemos en común, nuestro tiempo de adoración, canto, comunión y oración se hace en español. Simplemente es más práctico para nosotros operar en un idioma en el que todos se beneficien y puedan entender lo que está sucediendo.

En un sentido, es verdad que no puedes orar en lenguas si no por la participación del Espíritu Santo de la misma manera que no puedes aceptar a Jesús si no es por el sacrificio que pagó en la cruz, pero eso no quiere decir que debas sentir una bola de gloria especial o alguna clase de sensación de hormigueo y éxtasis.

Recuerda la historia de Sansón en el Antiguo Testamento en el libro de Jueces.

> Viendo Dalila que él le había descubierto todo su corazón, envió a llamar a los principales de los filisteos, diciendo: Venid esta vez, porque él me ha descubierto todo su corazón. Y los principales de los filisteos vinieron a ella, trayendo en su mano el dinero. Y ella hizo que él se durmiese sobre sus rodillas, y llamó a un hombre, quien le rapó las siete guedejas de su cabeza; y ella comenzó a afligirlo, pues su fuerza se apartó de él. Y le dijo: ¡Sansón, los filisteos sobre ti! Y luego que despertó él de su sueño, se dijo: Esta vez saldré como las otras y me escaparé. **Pero él no sabía que Jehová ya se había apartado de él** (Jueces 16:18-20).

Si lees la vida de Sansón a través de los capítulos del libro de Jueces, te sorprendería que no supiera que el Señor se había apartado de él. ¿Qué tiene de importante eso? Al menos una cosa: Si Sansón no pudo sentir que la presencia del Señor o "la unción" le faltaba, entonces posiblemente tampoco podría saber cuando estaba presente. Es probable no se sintiera especialmente "ungido". Pensó que sólo haría lo que siempre había hecho y sacudirse para liberarse de las cuerdas que lo ataban, pero no pudo notar la diferencia.

Otros versículos del libro de Jueces describen ejemplos donde el Espíritu del Señor vino sobre Sansón con cierta clase de fuerza para cumplir algo que no podría en sus propias fuerzas, como se describe en Jueces 14:6, 14:19 y 15:14. Sabemos que el poder de su fortaleza no residía en el hecho de que ninguna navaja de afeitar había tocado su cabeza, sino *en la obediencia* en la instrucción del Señor sobre no cortar su cabello o afeitar su cabeza, ni beber bebidas fuertes porque era consagrado al Señor.

Piensa en lo siguiente por un momento. Muchos cristianos conocen la historia de Sansón y sus problemas de lujuria. Él se acostaba con una prostituta y a pesar de los múltiples matrimonios –o intentos de matrimonio– Dios aún lo usaba en una forma poderosa para matar miles de filisteos sin ayuda alguna. Mi punto al llamar tu atención a Jueces 16, no es decir que puedes involucrarte en inmoralidad sexual o mentir y aún ser ungido. Siempre que Dalila le preguntaba por el secreto de su fortaleza, él mentía y el poder de Dios todavía lo habilitaba para liberarse de los lazos cada vez que los filisteos lo atacaban.

Este pasaje probablemente no va bien con la teología carismática popular ¿Te molesta que Dios todavía lo usara a pesar de su pecado? Someto a tu consideración que la unción de Dios es más mecánica que relacional. Espero que no estés leyendo esto para decir que estoy apoyando que podemos vivir en pecado y aún así operar en la unción. No necesitas vivir una vida santa para ser usado por Dios porque tú y yo somos reemplazables en los propósitos de Dios. Él puede, lo hace y trabajará a pesar de nosotros, no es que nos necesite. El escritor de Hebreos nos recuerda que sin santidad no veremos al Señor (Hebreos 12:14).

Sansón fue un hombre consumido por la lujuria y el mal genio y aun así hizo grandes hazañas para el Señor. Pero no supo que la presencia del Señor se había apartado de él ¿Puedes considerar que él no *sentía* la diferencia entre el poder de la unción del Señor que venía sobre él y la ausencia del mismo? Probablemente no lo sentía como algo especial.

No quiero ser como Sansón, haciendo grandes hazañas para el Señor cuando mi estilo de vida y mi corazón no están bien con Él. Es significativo que en Mateo 7:22-23, que el día del juici, algunos le hablan a Jesús sobre las hazañas que hicieron en Su Nombre y todas eran milagrosas: profetizaron, echaron fuera demonios y sanaron enfermos. Estas no son actividades que las personas no salvas hacen en las barras de un club. Al menos, no que me haya enterado.

Jesús les dirá que no los conoce aunque hubieran hecho cosas milagrosas en Su Nombre y al final, serán echados de Su presencia. De verdad, es algo muy serio para pensarlo. No seamos como Sansón, que no supo cuándo el Señor se alejó de él, y tampoco seamos como aquellos a quienes Jesús dirá: "Si, hiciste todas esas cosas para mí, pero no te conozco."

Tal vez estés pensando: "Steve, ¿qué tiene que ver todo esto de la presencia de Dios y Su unción con hablar en lenguas exactamente? Si la presencia de Dios o Su "unción" sobre ti no tiene nada que ver con que "sientas" algo o no, entonces tampoco necesitas esperar a sentir algo especial para poder operar en el poder de Dios, lo cual incluye hablar en lenguas. Repito, no tienes que sentir nada para hablar en lenguas.

Algunos predicadores carismáticos erróneamente creen que si oran en lenguas diaria y diligentemente por cierto periodo de tiempo –digamos arbitrariamente tres meses–, entonces un día se pararán en el púlpito a predicar y de repente su prédica será asombrosa y cada persona a quien le impongan manos caerá al piso, temblarán, se sacudirán y tendrán un servicio alucinantemente glorioso. Sin embargo, si haces eso por tres meses, lo más probable es que tal vez notes que necesitas dejar de exagerar cuando predicas. Quizás tendrás una convicción muy fuerte y ya no podrás seguir viendo ese programa de TV del que eras fanático, porque *algo* te incomoda al respecto. Puede que te sientas con la necesidad de eliminar cosas del disco duro de tu computadora o tirar esos DVDs que tienes. El proceso de edificación que viene después de un largo tiempo de hablar en lenguas resulta en un cambio, no en sensaciones o sentimientos. Si sientes sensaciones de la gloria de Dios u otros sentimientos, es sólo el aderezo de lo que Dios está haciendo en tu corazón.

En conclusión, cuando se trata de esta diversidad de lenguas (para edificación personal), quien habla siempre tiene control de sí mismo. Él o ella pueden empezar y detener las lenguas cuando quieran. Por respeto a la unción del Espíritu Santo, muchos han complicado demasiado este don particular por miedo a abusar de él o "jugar con fuego." Avívalo. ¡Ora mucho en lenguas y hazlo todo el tiempo! No te arrepentirás de los resultados a largo plazo.

---

1. Jack Hayford, Grounds for Living (Motivos para Vivir) (Tonbridge, Inglaterra, Sovereign World Ltd.), 172.

CAPÍTULO 13
OTRAS OBJECIONES

En este capítulo quiero enumerar otras objeciones que pueden ser respondidas más sencillamente y no requieren el tiempo y espacio de un capítulo entero para ser cubiertas. Las primeras tres son recopiladas del libro de Steve Thompson *You May All Prophesy (Todos Ustedes Pueden Profetizar)*, pero me he tomado la libertad de expresarlas en otras palabras como para que ya no sean citadas directamente de su capítulo sobre mitos y falacias de lo profético.

LO QUE REALMENTE NECESITAMOS ES EL FRUTO DEL ESPÍRITU, NO LOS DONES

Una de las mayores objeciones cuando se refiere a ser bautizados en el Espíritu Santo es: "¡No necesitamos los dones del Espíritu, lo que realmente necesitamos es el fruto del Espíritu!"

Esto puede sonar equilibrado, pero es bíblicamente inexacto. Si bien buscar los dones sin cultivar el fruto del Espíritu es un error, nunca deberíamos intentar corregir dicha falla devaluando la importancia de los dones espirituales en la vida del cuerpo de Cristo. Esta enseñanza también expone una forma sutil de orgullo que implica que no necesitamos en absoluto los dones espirituales. Cuando entendamos que los dones espirituales son un *empoderamientos* de Dios para manifestar Su reino, nuestra actitud hacia ellos cambiará y no serán vistos como opcionales. Las palabras de conocimiento, de sabiduría y el discernimiento de espíritus son para nosotros herramientas, así como las armas, las municiones y las granadas lo son para un soldado.

Al comienzo de su carta a los corintios, Pablo hace una declaración que demuestra su comprensión acerca de la importancia de los dones espirituales en su ministerio –dijo que su testimonio fue comprobado ante los corintios debido a que *ellos* estaban operando en los dones espirituales (1 Corintios 1:4-7). Pablo continúa su carta diciendo que su testimonio acerca de Cristo fue con poder y demostración, y no con palabras de sabiduría humana (1 Corintios 2:1-5). Se ha sugerido que Hechos 17:22-18:1 muestra que Pablo tuvo resultados limitados cuando predicó en Atenas utilizando *sólo* su intelecto y razonamiento.

Además, en ninguna parte del Nuevo Testamento se nos dice que escojamos entre los dones del Espíritu o el Fruto del Espíritu. James C. Davidson dice con respecto a esto:

> ¡La Biblia dice que deberíamos tener ambos, los dones y el

fruto! Que un cristiano experimente dones y no muestre el fruto, no es un argumento en contra de los dones, pero sí prueba que Dios el Espíritu Santo puede tomar elementos ordinarios e insatisfactorios y trabajar a través de ellos para la Gloria de Dios.[1]

La obra del Espíritu Santo dentro del creyente produce el siguiente fruto: amor, gozo, paz, paciencia, benignidad, bondad, fe, mansedumbre y templanza (Gálatas 5:22-23). Jesús les dijo a Sus discípulos que el Espíritu Santo estaría *con* ellos y *en* ellos (Juan 14:17), pero también que no salieran de Jerusalén hasta que recibieran poder de lo alto. Obviamente, era una experiencia totalmente distinta a recibir el Espíritu Santo en su interior, de lo contrario Jesús se habría equivocado o hubiese sido un tonto para decirles que debían recibir algo que ya tenían.

Es interesante notar también que tenemos dos grupos de nueve manifestaciones relacionadas a la obra del Espíritu Santo—nueve frutos en Gálatas 5 y nueve dones en 1 Corintios 12:7-11. El fruto debe ser referido como los *rasgos de carácter* resultantes de la habitación del Espíritu Santo: los frutos crecen en la rama por la vida dentro del árbol. El fruto del Espíritu es una demostración de la permanencia del Espíritu Santo en nuestras vidas como creyentes individuales. Por otra parte, los dones del Espíritu son para servir al cuerpo de Cristo y a los perdidos, y no a nosotros, como una comunidad donde cada individuo que constituye el todo hace su parte.

BUSCA AL DADOR, NO SUS DONES

Otra objeción al bautismo en el Espíritu Santo es, "Deberíamos buscar al dador de los dones espirituales y no a los dones en sí mismos."

Si bien esto hace un gran sermón, también es bíblicamente incorrecto. En un sentido, si rechazamos los dones que Dios tiene para nosotros (que no se limita, pero sí incluye el lenguaje personal de oración de hablar en lenguas), de alguna forma estamos rechazándolo a Él, pues Dios ha dado los dones espirituales como una manifestación *de* sí mismo en medio de nosotros. Igualmente, orar en lenguas es una forma de recibir revelación y hablar misterios, que a su vez mejoran nuestra intimidad con nuestro Padre Celestial, el dador del don.

Debemos entender que los corintios ya estaban operando en todos los dones cuando Pablo hizo esta declaración al comienzo de su carta (1 Corintios 1:7), pero estaban *abusando* de ellos, hablando sin ningún orden y cosas semejantes. Para lograr una corrección balanceada, Pablo, un hombre maduro de Dios —un apóstol, por supuesto— ofreció instrucción sobre los dones y sabiduría para su uso. Sin embargo, nunca les instruyó a *no* buscar los dones, ni los criticó por estar tan enfocados en ellos. Más bien, hizo exactamente lo opuesto: les instó a que los desearan fervientemente (1 Corintios 12.31).

La misma palabra griega para "desear fervientemente" puede ser traducida como "lujuria celosa". Inmediatamente después, en el "capítulo del amor", Pablo proclama un profundo discurso sobre la motivación y la norma bajo las que deben usarse los dones, que es el amor. Al leer este libro de la Biblia, ten en cuenta que no se trata de exagerar los capítulos 12 y 14 al excluir el capítulo 13, así como tampoco leer el capítulo 13 cerrando la mente a los capítulos 12 y 14, los cuales dan una clara enseñanza de las lenguas, lenguas congregacionales con interpretación y profecía corporativa en particular. El amor y los dones son una parte del mismo paquete. Pablo les estaba implorando que operaran en los *dones* con un corazón de *amor* por los demás.

BUSCAR LOS DONES ESPIRITUALES ES EGOÍSTA

Decir que buscar los dones espirituales es egoísta, es similar a la idea errónea de "buscar al dador y no los dones". Mientras es verdad que algunos tendrán motivos cuestionables, es Dios quien tratará los problemas de carácter que considere apropiados. Sin embargo, este concepto aún es bíblicamente inexacto, pues los dones espirituales son dados para ministrar a *otros*. Servir a otros no es egoísta. Sólo porque es posible desear ministrar con un corazón lleno de motivaciones mezcladas, no significa que no debamos *preocuparnos* por buscar formas de ministrar a otros. ¿Alguna vez has sido usado por Dios a pesar de tener asuntos pecaminosos con los que lidiar?

Piensa en la respuesta de Pablo en Filipenses 1:15-18 cuando habla de quienes ministran con motivaciones incorrectas. No reaccionó ante el hecho de que las personas predicaban el evangelio por ambición egoísta. Más bien, se *regocijó* que el evangelio estaba siendo predicado. Nuevamente, Pablo nunca desanimó a nadie de buscar los dones, y tampoco deberíamos hacerlo nosotros. Deja que Dios trate con las personas y sus malas intenciones cuando crea necesario.

DEBERÍAMOS DECIR PALABRAS QUE LA GENTE PUEDA ENTENDER

Algunos dicen: "Bien, Pablo dijo que prefería hablar cinco palabras en un lenguaje que se entendiera en vez de muchas palabras en lenguas. Eso suena como si no debiéramos preocuparnos en absoluto por las lenguas."

Las lenguas son un gran medio para darle gracias a Dios. En 1 Corintios 14:15-17 Pablo estaba corrigiendo a los creyentes de Corinto sobre el uso excesivo del lenguaje divino para dar gracias *públicamente*, ya que una persona inmadura en las cosas espirituales no podría entender lo que Pablo estaba diciendo si diera gracias en lenguas. Pero nota, sin embargo, que indica que las lenguas son una excelente manera de alabar a Dios cuando dice "das gracias muy bien" (1 Corintios 14:17). Las personas se han opuesto al uso del lenguaje personal de oración en las reuniones públicas, porque Pablo declara enfáticamente en la epístola a los corintios, que prefiere hablar cinco palabras con su entendimiento para enseñar a otros, que diez mil palabras en un lenguaje desconocido (1 Corintios 14:19).

Pablo dice que los creyentes deberían buscar los dones del Espíritu que sean de edificación al cuerpo entero, no sólo para ellos mismos (1 Corintios 14:12). Nota que Pablo *solamente* se opone a dar gracias en lenguas públicamente por temor a que alguien desinformado en asuntos espirituales pudiera no entender o relacionarse con lo que está pasando en la reunión.

¿Qué tal si un grupo de creyentes estuvieran reunidos, donde ninguno fuera desinformado y estuvieran llenos del Espíritu Santo y ejercitaran el don de lenguas? Seguramente este conjunto de reglas no aplicaría a ese escenario; más bien, ellos serían libres de adorar y alabar en lenguas.

NO NECESITAS HABLAR EN LENGUAS PARA SER BAUTIZADO EN EL ESPÍRITU SANTO

Alguien puede objetar: "No necesitas hablar en lenguas para ser bautizado en el Espíritu Santo". Esto es complicado y puede reducirse a una cuestión de semántica para algunos lectores. Otra forma de decirlo sería que alguien puede ser bautizado o lleno del Espíritu Santo sin hablar en lenguas.

Sin embargo, antes de abordar este pensamiento, permíteme decirte que no necesitas hacer *nada* para ser bautizado en el Espíritu Santo. No *tienes* que hablar en lenguas, pero puede pasar. Se nos ha garantizado este privilegio como un don, pero de ninguna manera es una obligación. La gente puede negarse orar en lenguas y perderse todos sus beneficios si realmente lo desean. Con todo el entendimiento que he establecido con la esperanza de eliminar estos obstáculos en los capítulos anteriores, en la siguiente sección nos enfocaremos más en los beneficios de la forma en que lo hacemos.

En Hechos 19 Pablo se encontró con los discípulos de Juan el Bautista. Pablo les preguntó si habían recibido el Espíritu Santo cuando creyeron. Obviamente estos discípulos serían creyentes en Dios e irían al cielo cuando murieran, sin haber hablado en lenguas. Esto no es cuestionable. Pero nota que

Pablo, evidentemente, pensó que podían ser creyentes y aún no estar caminando en las dimensiones del Espíritu Santo con las que él estaba familiarizado y quiso saber en qué estado estaban.

Pablo no les preguntó si Dios les había d*ado* el Espíritu Santo cuando creyeron, sino que quiso saber si ellos lo habían *recibido* cuando creyeron en el evangelio del arrepentimiento. Hay una diferencia sustancial entre dar y recibir. Que Dios ha dado y ofrecido salvación a través de Su Hijo Jesucristo no significa que todo el mundo tiene o escogerá recibir el regalo de la salvación. Lo mismo es verdad con todo lo que Dios ofrece como un don. Él ha enviado el Espíritu Santo a la tierra para habitar en el creyente, pero ahora hay un don de hablar en lenguas al cual podemos tener acceso y usarlo para edificación personal. Aquí, Pablo no parece haberles dicho que no eran salvos si no recibieron el Espíritu Santo. Simplemente preguntó y ellos respondieron que ni siquiera sabían que había un Espíritu Santo.

Dejemos este asunto aparte por un momento. Para repetir lo que ya ha dicho, eres salvo aun si no hables en lenguas. De hecho, irás al cielo aunque nunca lo hicieras. Sólo un carismático extremadamente celoso con un entendimiento increíblemente limitado del hablar en lenguas y la salvación te dirá lo contrario. Pero, como expuse en un capítulo anterior, esto claramente es un trabajo pos-conversión que idealmente sería parte de la salvación, por lo que no deberías preocuparte sobre si todos los creyentes fueron llenos o bautizados en el Espíritu.

¿Acaso hablar en lenguas acompaña al bautismo del Espíritu

Santo? Si, normalmente es así. Y si usamos nuestras Escrituras como las bases para formar esta opinión, no creo que estuviéramos teniendo este debate.

ORARON POR MÍ MUCHAS VECES SIN RESULTADOS

Otra objeción común para recibir el bautismo del Espíritu Santo es: "Han orado por mí muchas veces para recibir el Bautismo y aún no hablo en lenguas; por lo tanto, no es evidencia de estar lleno del Espíritu".

Posiblemente no puedo saber por qué es difícil para ti en particular experimentar este don, y si tuviéramos una conversación cara a cara, podría identificar la barrera mental. Hay muchas ideas falsas y malentendidas que la gente abraza, como creer que el Espíritu Santo vendrá y sacudirá su lengua y hará que salgan palabras de su boca sin que lo intenten. A menudo les pregunto a las personas si alguna vez han profetizado o compartido cosas inspiradas por el Espíritu Santo. Si alguna vez lo has hecho, entonces hablar en lenguas es igual de fácil, es simplemente hablar las expresiones inspiradas que vienen de tu interior pero que no tienen sentido para ti.

Generalmente, la gente me dice que han orado por ellos muchas veces, pero que no hubo una experiencia de validación, o tenían falsas expectativas respecto a lo que pasaría. Te animo a que leas "Cómo guiar a alguien al bautismo del Espíritu Santo" en el apéndice de este libro. Podrás extraer información valiosa de allí, si eres el "receptor", es decir quien desea recibir el Bautismo.

LAS LENGUAS SON DEL DIABLO

Todo el asunto de que "las lenguas son del demonio" siempre me confundió, porque en la Biblia no parecían llenarse de demonios cuando hablaban en lenguas. Aunque no menciona específicamente las lenguas, Lucas 11: 11-13 deja bastante claro que Dios no nos engañará, dándonos algo completamente distinto cuando le pedimos su Espíritu:

> ¿Qué padre de vosotros, si su hijo le pide pan, le dará una piedra? ¿o si pescado, en lugar de pescado, le dará una serpiente? ¿O si le pide un huevo, le dará un escorpión? Pues si vosotros, siendo malos, sabéis dar buenas dádivas a vuestros hijos, ¿cuánto más vuestro Padre celestial dará el Espíritu Santo a los que se lo pidan?

Imagínate a algunos indeseables rebeldes de pie en una esquina frente a una iglesia pentecostal. Durante un servicio el domingo por la mañana. Estos paganos escuchan a algunos de los congregados hablar en lenguas. Más tarde, cuando finaliza la reunión y la gente empieza a irse a sus casas, uno de ellos le pregunta a otro: "¿Qué es eso que estaban diciendo?". Su interlocutor responde: "Oh, ¿no sabías? ¡Están hablando en lenguas —pero eso es del diablo, sabes!". Entonces el otro muchacho no salvo se rasca la cabeza y le dice: "Bueno, pero si eso fuera del diablo, ¿no estaríamos nosotros haciendo lo mismo?". ¡Se que suena bastante tonto, pero piénsalo!

HABLAR DEMASIADO EN LENGUAS

Esta última objeción consiste en que una persona puede hablar demasiado en lenguas. Mi única respuesta es simple: ¿cómo es posible que te edifiques tanto?

---

1. James C. Davidson, *This Happy Gift of Tongues (Este Felíz Don de lenguas),* localización 248, Kindle.

SECCIÓN TRES

EL HABLAR EN LENGUAS Y LA INTIMIDAD CON DIOS

CAPÍTULO 14

RAZONES POR LAS QUE TODO CREYENTE DEBERÍA HABLAR EN LENGUAS

Como hemos dicho y repetido varias veces en este libro, cuando hablas y oras en lenguas, te edificas a ti mismo (1 Corintios 14:4). Pablo animó a los creyentes de Corinto a que continuaran con la práctica de hablar en otras lenguas en su adoración a Dios y en su vida de oración privada como un medio de edificación espiritual. En efecto, al orar en el Espíritu, estás orándole directamente a Dios, de manera que si alguien escucha tus palabras no entienda lo que dices, sin embargo, el Espíritu Santo está directamente involucrado en tus oraciones.

1 Corintios 3:16 y 6:19 se refieren al creyente como el templo del Espíritu Santo. Por lo tanto, cuando oramos en el Espíritu (en lenguas), El Espíritu Santo está edificando Su templo (el creyente) para permanecer, ya que "edificar" significa simplemente "construir". Puede que la persona no sienta emocional o

físicamente que la oración esté siendo contestada, y es debido a que se trata de una edificación espiritual, y no emocional o física.

En su libro *The Walk of the Spirit, The Walk of Power (El Camino del Espíritu, el Camino de Poder)* Dave Roberson enseña que tu espíritu es el que recibe respuesta a las oraciones, porque es tu espíritu el que está orando (1 Corintios 14:14). Además, tu espíritu es de donde viene todo cambio permanente, no sólo de tu mente o fuerza de voluntad.[1] Si estamos orando en el Espíritu y preparando un lugar para que el Espíritu Santo reine en nuestras vidas, entonces las cosas que no pertenecen al plan de Dios, como nuestra carne y naturaleza pecaminosa serán eliminadas.

Hablar en lenguas es un recordatorio de la presencia del Espíritu que habita en nuestros corazones (Juan 14:16-17). Las lenguas son una corriente que fluye y nunca debe secarse, enriqueciendo continuamente nuestras vidas en los años venideros. Si podemos estar conscientes de la presencia del Espíritu de Dios morando en nosotros todos los días, entonces es probable que afecte la forma en que vivimos, ya que es el Espíritu Santo quien nos cambia de adentro hacia afuera, no nuestra propia fuerza de voluntad o toma de decisiones.

Otra razón para considerar, es que se trata de una oración alineada con la perfecta voluntad de Dios. Sólo porque el creyente sepa *cómo* orar no significa que sabe *qué* orar y *cómo debe*. Además y por tal motivo, como el Espíritu de Dios es quien inspira, ayuda a eliminar el egoísmo en nuestras oraciones. Romanos 8:27-28 nos dice que el Espíritu Santo continuamente escudriña nuestros corazones. Dave Roberson enseña que el Espíritu lo hace con la intención de remover todo lo que es contrario a la voluntad de Dios, y así reemplazarlo con el plan que oyó para nuestra vida personal cuando Dios lo formuló. Somos demasiado ignorantes para orar por nuestras vidas y asuntos como nuestro llamado, así que la gran reserva de sabiduría y consejo del Espíritu Santo reside dentro de nuestros espíritus esperando ser liberada en lenguas.[2]

Vale la pena mencionar una simple analogía aquí para ilustrar este punto. Como embajadores de Cristo en la tierra (2 Corintios 5:20), los creyentes estamos aquí para representar otro reino, un reino en el que ahora no residimos geográficamente —el Reino de los Cielos. Un embajador representa a la persona o nación que lo ha enviado. Por ejemplo, una embajada de los Estados Unidos localizada en otro país no obtiene su autoridad del país en que se encuentra, sino del país que representa. Sin importar que esta embajada se encuentre *geográficamente* en suelo extranjero, no está bajo la *influencia* del gobierno de ese país. El salario de un trabajador de la embajada es pagado por el país que el trabajador representa y de ninguna manera depende del clima económico del país extranjero en el cual reside. Están *en* ese país pero no son *de* ese país, de la misma forma que el creyente está *en* el mundo pero no es *del* mundo. Los cristianos están en la tierra representando a Quien los envió, Jesucristo.

Para relacionar todo esto con las lenguas, considera cómo el embajador se comunica con su tierra. Generalmente, tienen un modo de comunicación o un canal que los ciudadanos de ese país no conocen y al que no pueden tener acceso. El embajador puede recibir órdenes de su país a través de comunicaciones codificadas por internet o líneas telefónicas secretas. Como cristianos, somos representantes del Rey del Cielo y podemos recibir órdenes por un medio de comunicación que afecta nuestro espíritu, habilitándonos para recibir órdenes sin que nuestra mente necesariamente lo sepa.

De esta forma nuestro enemigo, satanás, no puede hacernos revelar accidentalmente ninguno de los secretos bajo la amenaza de tortura o muerte, pues estamos muertos a nosotros mismos en Cristo (Romanos 6:2-3, 6-7). No sabemos ninguno de los secretos por los que hemos estado orando en el Espíritu. El Espíritu Santo oye lo que se dijo en el Trono de Dios y puede traer ese mensaje e inspirarnos a orar en lenguas incomprensibles para nuestras facultades mentales. Pero aún así, al hacerlo, estamos orando la voluntad de Dios –mientras nuestras mentes lo ignoran.

Qué idea de Dios tan brillante, ¿cierto? ¿Por qué un creyente no querría practicar esto? Dado que este don es tan efectivo para edificarnos, no es de extrañar que el enemigo haya hecho tan maravilloso trabajo para convencer a las personas no sólo que es innecesario, sino también malo y extraño.

EL ESPÍRITU SANTO ES NUESTRO MAESTRO

Como mencioné anteriormente, el Espíritu Santo puede pasar por alto nuestras mentes y poner la voluntad de Dios en nuestros corazones sin nosotros saberlo siquiera. Además de edificarnos personalmente, hablar en lenguas puede ayudar a inmunizarnos contra falsas enseñanzas. En 1 Juan 5:7 dice que el Espíritu y la Palabra son uno, por lo tanto si el Espíritu está en ti inspirando tus oraciones, no estás orando en contradicción con la Palabra de Dios. Más bien, debe despertarse un hambre mayor en ti pues ahora estás orando de acuerdo a la voluntad Quien escribió la Palabra.

Orar en lenguas nunca quita la Palabra de Dios, más bien fortalece nuestro espíritu dándonos un mayor entendimiento del conocimiento y revelación que contiene la Palabra. Esta clase de oración no hace más que exaltar la obra de la Palabra en nuestro interior, haciéndonos recibir y caminar en mayor cantidad del poder de Dios a medida que nos sometemos más a Él. Mientras el Espíritu Santo está orando la voluntad de Dios a través de nosotros, está en total acuerdo con la Palabra escrita.

También, por el mismo motivo, el diablo ha removido las lenguas de tres cuartas partes de la iglesia —¡es mucho más fácil para los creyentes ser engañados por las siempre cambiantes doctrinas humanas cuando han sido separados de las principales herramientas de enseñanza que les permite aprender del mismo Espíritu Santo![3] Dave Roberson escribe, "Si hubiera sólo una puerta por la que el diablo te impidiera entrar, sería la puerta de orar en lenguas. Después de la salvación, es la puerta que más odia y por eso quiere asegurarse que nunca pases por ella".[4]

Los primeros dos años de mi vida cristiana nunca escuché nada sobre el bautismo en el Espíritu Santo y, por lo tanto, nunca aprendí sobre la oración en lenguas hasta que empecé a asistir a una iglesia carismática en mi ciudad natal con un amigo que conocí un verano. Al principio, la diferencia en el estilo de vida de estos creyentes me sorprendió porque tenían una pasión por la adoración y la santidad personal que no veía en mis amigos no carismáticos. Mientras más enseñanza recibía sobre los dones espirituales y sus funciones, más veía como el punto de vista cesacionista con el que crecí no tenía fundamentos bíblicos. Nuevamente, no digo esto para juzgar o suponer que los no carismáticos no buscan la santidad; sólo estoy diciendo que no estaba experimentando o viendo mucho en mi contexto personal.

Mi vida cambió radicalmente después de ser bautizado en el Espíritu Santo y más específicamente, cuando oraba en lenguas casi por el mínimo de una hora al día. Durante ese período, experimenté mucha muerte de mí mismo, así como de numerosos hábitos, incluyendo pecados específicos a los que estaba atado y que se fueron de mi vida. Realmente fui una persona completamente diferente de adentro hacia afuera, como resultado de orar de esta forma regularmente. De repente, los hábitos pecaminosos que me mantenían atado ya no eran un problema y sentí que estaba caminando en nuevas dimensiones del cristianismo que nunca había experimentado, ni siquiera en mis más asombrosas vivencias. Además, mis hábitos de lectura y estudio de la Biblia se fortalecieron, no sólo en cantidad sino en calidad. Parecía que me llegaba más conocimiento de la revelación cuando leía la Palabra de Dios, y la Biblia cobró vida. Pero debo señalar que no sucedió de la noche a la mañana; fue un proceso –que aún estoy experimentando mientras continuo en esta práctica.

Por experiencia, personalmente no entiendo cómo alguien no

podría querer practicar hablar y orar en lenguas regularmente. De hecho, sentí que durante todos los años que fui salvo sin el bautismo del Espíritu Santo me faltaba algo. Ahora ni siquiera puedo imaginar cómo orar sin este don porque se ha vuelto una parte integral de mis hábitos de oración. Es desafortunado que exista un desacuerdo en el cuerpo de Cristo sobre el tema, pero es la persona que carece de experiencia la que no tiene fundamentos para su argumento, porque la Escritura instruye y explica al respecto muy claramente.

El diablo sabe que un creyente capaz de aprovechar la revelación y el proceso de edificación, a través de un tutor personal como es el Espíritu Santo, es una gran amenaza para el reino de la oscuridad. Tiene sentido entonces, que el diablo intente confundir su uso y hacer que los creyentes lo eviten y cuestionen, relegándolo a cierta era del pasado en lugar del presente. O mejor aún, que demonice su uso y haga que los creyentes crean que quienes lo practican se están involucrando con fuego extraño.

Una vez que todo se esclarece y las objeciones de su uso son eliminadas de las mentes escépticas, entonces las instrucciones en la operación del don y el propósito detrás de las lenguas para edificación, son evidentes y claras. Realmente es uno de los actos más agradables y espirituales que un creyente puede practicar. Orar en lenguas es tan sobrenatural como resucitar un muerto, pues ambos tienen que ver Dios, no con nosotros. Con esa clase de poder operando dentro de nosotros, al que se accede orando en el Espíritu, ¿quién no querría orar en lenguas?

1. Dave Roberson, *The Walk of the Spirit, The Walk of Power* (Caminar del Espíritu, El Caminar del Poder), 211, 215.
2. Ibídem., 16.
3. Ibídem, 129.
4. "Releasing the Power of the Holy Spirit" (Liberando el Poder del Espíritu Santo), por Dave Roberson, *Fresh Outlook Magazine* (Revista Pronóstico Fresco),
    sept/Oct2005,http://freshoutlookmag.com/articles/SeptOct05-article2.html (consultado el 1 de noviembre de 2013).

CAPÍTULO 15

EL ESPÍRITU SANTO NOS GUÍA A TODA VERDAD

En Juan 17, Jesús dijo que el Espíritu Santo nos enseñaría *todas* las cosas. Los discípulos a quienes les estaba hablando aquí, no tenían todas las palabras de Jesús escritas en una Biblia para que el Espíritu Santo les diera revelación. Jesús no les estaba diciendo que el Espíritu Santo les ayudaría a memorizar "el Camino a la Salvación" del libro de Romanos o el Sermón del Monte. Tenían que confiar en el Espíritu Santo para recordar lo que Jesús *les había dicho personalmente*. No confiarían en el recuerdo mental o espiritual de la Biblia como un texto literario. Más bien, tuvieron la Palabra misma –Jesucristo– con ellos por tres años y medio para aprender personalmente. Sin embargo, como los creyentes de hoy no tuvieron esa misma experiencia, no es una mala interpretación tomar este texto para decir que el Espíritu Santo trae vida a la Palabra *escrita* para nosotros, dos mil años más tarde.

Los primeros versículos del libro de Génesis mencionan cómo el Espíritu del Señor se movía sobre la faz de las aguas (Génesis 1:2). Él estaba involucrado cuando Dios *habló* la Palabra y trajo vida en medio del caos, así como cuando Dios sopló aliento de vida al polvo, creando así el primer hombre. Los Salmos mencionan cómo Dios nos conocía antes de ser formados en el vientre (Salmo 139:13-16). Antes de poner un pie en la tierra y comenzar a balbucear algunos gu-gu ga-ga, el Señor tenía un plan para cada una de nuestras vidas individuales. Y esto es lo que el Espíritu Santo nos trae a la memoria cuando oramos en lenguas.

El Espíritu Santo —que vive en ti si eres un creyente— te repite y te da revelación y visión de las cosas que Dios ha hablado y decretado sobre tu vida antes de la fundación del mundo. Él ayuda a edificarte y te califica *para* ese plan, que es la voluntad de Dios para tu vida. Dios tiene una "perfecta" voluntad para nosotros que es posible perder. En su interminable e insondable sabiduría, Él estableció una forma para depositar esa voluntad dentro de nosotros, para entonces revelarla a nuestro propio ritmo a través de orar en lenguas —edificándonos a nosotros mismos en el espíritu y creciendo en nuestra fe como resultado. No podemos orar constantemente en lenguas por largo tiempo sin que las cosas que no pertenecen al plan de Dios para nosotros comiencen a desaparecer. A través de este proceso, el Espíritu Santo puede construir en nuestros corazones el entendimiento de la perfecta voluntad de Dios para nuestras vidas.

En el mismo capítulo del evangelio de Juan (17), Jesús no estaba hablando exclusivamente de las palabras que habló en ese momento (que fue hace dos mil años). Más bien, el Espíritu Santo es capaz de recordar palabras que han sido habladas sin importar hace cuánto tiempo. Él no está limitado por tiempo y espacio como nosotros. Desde Su perspectiva, todo lo que pasó o pasará, ya ha pasado y no ha pasado aún, por así decirlo. Tanto el momento en que estaba moviéndose sobre las aguas en Génesis 1:2, como el momento en que habla en Apocalipsis 22:17, invitando al Señor Jesús a regresar, están en el mismo nivel en la historia de la existencia a los ojos de Dios. Esto es difícil de entender para nosotros, seres de pensamiento finito pues somos lineales y limitados al tiempo. Sin embargo, según Jesús, el Espíritu Santo toma las cosas que oye sobre tu vida y el plan que Dios tiene para ti y te los revela.

¿Cuándo y dónde exactamente el Espíritu Santo *oye* las cosas que nos dice? Bien, amigo, ¿sabías que esto incluye cosas que no están "escritas en el Libro"? Esto abarca el llamado que Dios tiene para ti –tu propósito y destino. Incluye con quién te casarás y hasta qué debes hacer hoy. Sin embargo, el Espíritu Santo nunca va a contradecir lo que Él ha permitido ser escrito en la Biblia. El autor de ese Libro nunca te va a dar una revelación que contradiga el Libro que ha escrito a través de manos humanas. Recuerda, el Espíritu y la Palabra son uno (1 Juan 5:7). Si alguna vez escuchas a alguien dar "una nueva enseñanza" y dice que Dios se la reveló, pídele al menos tres pasajes de la Escritura que lo respalden.

HABITANDO EN CRISTO

"Steve, ¿qué tiene que ver este asunto de la revelación y hablar en lenguas con las interpretaciones?". Bueno, me encanta que lo preguntes. Digo todo esto para explicar que los tiempos prolongados de oración en lenguas están directamente relacionados con la edificación personal, revelación y fortalecimiento interior. Me he movido desde el desmantelamiento de barreras teológicas y malos entendidos sobre hablar en lenguas, con la esperanza de que te dé celo por hacerlo aun más en tu vida —si es que ya no lo estás haciendo— y te des cuenta de los beneficios que este ejercicio produce para el crecimiento espiritual en tu vida.

Despacio o rápido, el nivel de tu crecimiento espiritual depende completamente de ti —así como un atleta es quien decide cuánto tiempo pasará en el gimnasio entrenando para desarrollar sus músculos. Dios no le "ordena" soberanamente a sus bíceps que simplemente crezcan de la noche a la mañana. El atleta está a cargo de cuánto va a ejercitarse, de la misma forma, cada creyente es el administrador de su propia edificación personal. Hablar y orar en el Espíritu Santo es de tremenda ayuda para regar la semilla de nuestra fe y en fortalecer nuestras raíces mientras profundizamos más en Él.

Lo que más profundamente me impactó sobre el rol que tiene el hablar y orar en lenguas con relación al crecimiento y la victoria sobre el pecado en nuestras vidas, se encuentra en un pasaje que ni siquiera habla sobre los dones espirituales. Más bien, proviene de un pasaje del que, para mí, es por excelencia el libro del amor de Dios: Cantar de los Cantares.

Actualmente estoy trabajando en un proyecto sobre Cantares que, como el vino añejo, es probable que no esté listo pronto, sino en unos años. Menciono esto aquí porque creo necesario establecer un poco de trabajo de base para este pasaje antes de usarlo para enseñar un principio sobre orar en lenguas.

> Paloma mía, que estás en los agujeros de la peña, en lo escondido de escarpados parajes, Muéstrame tu rostro, hazme oír tu voz; Porque dulce es la voz tuya, y hermoso tu aspecto. Cazadnos las zorras, las zorras pequeñas, que echan a perder las viñas; Porque nuestras viñas están en cierne (Cantares 2:14-15).

El libro completo, ya sea que lo leas alegóricamente o como una canción, es sobre el amor entre un novio y su novia. Podemos tomarlo en forma más personal y específica para nuestro viaje individual con el Señor, y no sólo como el cuerpo colectivo de Cristo. Cuando leo estos versículos de Cantares, simples pero profundos, me siento obligado a pensar en pasajes como el siguiente en el evangelio de Juan:

> Yo soy la vid verdadera, y mi Padre es el labrador. Todo pámpano que en mí no lleva fruto, lo quitará; y todo aquel que lleva fruto, lo limpiará, para que lleve más fruto. Ya vosotros estáis limpios por la palabra que os he hablado. Permaneced en mí, y yo en vosotros. Como el pámpano no puede llevar fruto por sí mismo, si no permanece en la vid, así tampoco vosotros, si no permanecéis en mí. Yo soy la vid, vosotros los pámpanos; el que permanece en mí, y yo en él,

éste lleva mucho fruto; porque separados de mí nada podéis hacer (Juan 15:1-5).

Cuando pasamos tiempo habitando en Cristo y cultivando intimidad con Él, vamos al "escondite", que implica un lugar de privacidad. Habla de dejar que escuche nuestra voz. Por lo tanto, refuerza la idea de que no *sólo* debemos pensar nuestras oraciones, pues Dios desea escucharlas saliendo de nuestros labios. Escuchar nuestra voz también se aplica a nuestra adoración a Él.

La palabra hebrea para *echar a perder* en Cantares 2:15, es *châbal*. Su raíz primitiva significa anudar apretadamente con una cuerda o atar, específicamente por una promesa. Es también figurativo de pervertir, destruir, o retorcerse del dolor, especialmente de parto. La Biblia *English Standard Version*, lo cita usando la palabra *arruinar*, que muestra el mismo concepto.

Las zorras representan al diablo o sus demonios y también pueden aplicarse a nuestra carne e inclinaciones pecaminosas, así como a otras tendencias o distracciones terrenales. Cuando descuidamos nuestra relación con Cristo se crea la oportunidad para que entren a nuestras vidas esquemas externos demoníacos. En cualquiera de los casos, si las zorras no son atrapadas en ese momento, causarán más daño y serán más difíciles de capturar a medida que pasa el tiempo.[1]

El momento más vulnerable y sensible del fruto *es cuando* estamos creciendo y el viñedo está florecido y maduro. Las pequeñas zorras pueden destruir la vid que da fruto. Lo hacen masticando y quebrando las ramas pequeñas, las hojas y la corteza; además hacen huecos en los viñedos y así *arruinan las raíces* comiéndose las uvas e impidiendo el crecimiento de la vid.

NUESTROS PRIMEROS FRUTOS

Los viñedos se cultivan con el fin de producir uvas para elaborar vino. Gálatas 5:22-23 enumera el fruto del Espíritu, que es una de las evidencias en nuestras vidas de que estamos íntimamente conectados con la vid. Produciremos fruto y nos volveremos más como Jesús, a quien contemplamos y en cuya imagen somos transformados.

Aunque se usa como diferentes símbolos y distintas maneras a través de las Escrituras, la vid es a menudo un tipo de la iglesia en el Nuevo Testamento, Israel en el Antiguo Testamento y el pueblo de Dios en general. El vino se correlaciona con la obra del Espíritu Santo, y también es usado en Cantares 1:2 y 4:10 para representar las cosas buenas y los placeres más finos de este mundo.

El diablo siempre está buscando destruirnos en todas las formas posibles. Él desea arruinar el trabajo del Espíritu individualmente en nuestras vidas y colectivamente como cuerpo de Cristo. No hay mejor manera de hacerlo que a nivel de la raíz, es decir, del fundamento, como lo hacen las zorras con las vides.

Sabemos que un símbolo del Espíritu Santo es el vino *nuevo*, que está hecho de uvas frescas, recién cosechadas. El pasaje en

Cantares habla sobre cómo las zorras echan a perder las vides en flor —cuando son jóvenes, tiernas y sensibles. Muchas plantas y árboles necesitan que les saquen los primeros frutos tan pronto como aparecen, y luego dan mayor cantidad de frutos y más grandes. Sin embargo, si este proceso no se lleva a cabo en esa primera etapa, el árbol nunca crecerá adecuadamente y no dará mucho fruto —en otras palabras, *nunca se dará cuenta de todo su potencial.*

Estoy seguro que hay un sermón por ahí sobre darle a Dios los primeros frutos de todo en nuestra vida, pero eso es otro libro. Aquí, alcanza con decir que los primeros frutos son los que las zorras intentan estropear para evitar que la vid alcance su máximo potencial. Por lo tanto, es en este momento crucial que las zorras deben ser detenidas de hacer cualquier daño, de lo contrario sería irreparable y los jóvenes en Cristo podrían no recuperarse completamente del daño causado.

INTIMIDAD CON DIOS

Dios nos llama en este pasaje al *escondite* en la roca (la Roca es Jesucristo), deseoso de ver nuestro rostro y oír nuestra voz. Lo que, por supuesto, es un indicativo de la oración, que definitivamente significa *intimidad* con Dios. A través de esta óptica, podemos contemplar en estos versículos que, si subimos a Dios y estamos a solas con Él en oración íntima, podremos "cazar esas zorras" que arruinan la obra del Espíritu en nuestras vidas y nos atan para evitar que caminemos en libertad.

Cuando la vid ha sido regada con la Palabra de Dios (Efesios 5:26), las manifestaciones del Espíritu, como los dones, el fruto y la revelación del vino nuevo, brotan en nuestras vidas. Y es *ese* flujo divino el que las zorras están tratando de destruir, detener, pervertir, o prevenir. Pero Pablo escribe que debemos fijar nuestra mirada en el Señor, para así ser cambiados más y más a su imagen:

> Porque el Señor es el Espíritu; y donde está el Espíritu del Señor, allí hay libertad. Por tanto, nosotros todos, mirando a cara descubierta como en un espejo la gloria del Señor, somos transformados de gloria en gloria en la misma imagen, como por el Espíritu del Señor (2 Corintios 3:17-18).

Si estás luchando continuamente con tendencias carnales o batallando con un pecado habitual, mi experiencia personal y entendimiento de este pasaje me anima a estar a solas con Cristo y "contemplarlo" de esta manera. Hacerlo te ayudará a atrapar las zorras que dañan el trabajo del Espíritu Santo en tu vida y a su vez, Él te ayudará a crecer fuerte en tu ser interior para vencer en esas áreas y ser transformado más y más a la imagen de Cristo. Así como el novio aquí está invitando a su novia a estar a solas con él, Dios nos invita a acercarnos a Él y Él se acercará a nosotros (Santiago 4:8).

INMUNIZADOS CONTRA EL ENGAÑO

Nota que Cantares 2:14 dice que Él ama el sonido de tu voz. Por lo tanto, ¡qué mejores palabras para ofrecer con nuestras voces que las lenguas! Pues de acuerdo a Romanos 8:26 no sabemos pedir como conviene. En Judas 20, se menciona que orando *en* el Espíritu Santo nos edificamos en nuestra santísima fe. En otras palabras, orar en lenguas edifica nuestro espíritu interior y nos ayuda a evitar que las zorras destruyan la vid.

Judas estaba animando a la iglesia primitiva –que era joven y en formación como "uvas tiernas"– a luchar por la fe, porque la falsa doctrina (zorras) se había infiltrado en la iglesia, despojándolos de poder en ese momento crucial de su crecimiento. El momento más sensible e importante para eliminar la falsa doctrina era ese comienzo, cuando el cuerpo de Cristo aún era joven y se estaba estableciendo, como la vid con uvas en flor durante la primavera. El remedio se encuentra en el versículo 20, el cual sugiere que debemos orar en el Espíritu Santo. Orar en el Espíritu es nuestra inoculación, nos inmuniza contra falsas doctrinas (las zorras), pues así es como el Espíritu Santo nos enseña.

El apóstol Juan dijo algo muy similar en su epístola:

> Os he escrito esto sobre los que os engañan. Pero la unción que vosotros recibisteis de él permanece en vosotros, y no tenéis necesidad de que nadie os enseñe; así como la unción misma os enseña todas las cosas, y es verdadera, y no es mentira, según ella os ha enseñado, permaneced en él (1 Juan 2:26-27).

Permanecer en el Espíritu Santo es como evitarás el engaño y te mantendrás protegido.

Sé íntimo de Cristo y ora mucho en lenguas. No sólo te ayudará con entendimiento y revelación de la Palabra de Dios, sino también a crucificar tu carne y vencer las zorras que te atan. Morar en la Palabra pura de Dios y permitirle que riegue tu viña, producirá vino del Espíritu Santo fluyendo en tu vida, ya que es más fácil que fluya a través de aquellos que son íntimos de Cristo Jesús y están llenos de la Palabra de Dios.

---

1. Animo al lector a leer más al respecto en mi libro electrónico *The Imperishable seed of Christ* (La Imperecedera Semilla de Cristo) para información más detallada, que no incluiremos aquí por razones de brevedad.

CAPÍTULO 16

EL AMOR: UN CAMINO MÁS EXCELENTE

¡Cuánto mejores que el vino tus amores,

Y el olor de tus ungüentos que todas las especias aromáticas!

—Cantar de los Cantares 4:10

Mas yo os muestro un camino aún más excelente.

—1 Corintios 12:31

En la apertura de Cantar de los Cantares —mi libro favorito en el Antiguo Testamento, sino en toda la Biblia— la pastora Sulamita declara que el amor de su amante es mejor que el vino (Cantares 1:2). Luego, a mitad de la canción, él habla de lo que le fascina de *ella*, y dice exactamente lo mismo (Cantares

4:10). La canción debe ser interpretada como una representación del amor del Novio hacia la Iglesia, su novia. Sabemos que Jesús es mejor que cualquier cosa en este mundo, y la interpretación obvia de esta frase llevaría al creyente a decir "¡Por supuesto que lo es!".

Por lo tanto, si él está diciendo de ella que *su* amor es mejor que el vino, entonces automáticamente podemos asumir que está diciendo que el amor de la novia es mejor que *cualquier* pecado, ya que Jesús vivió una vida *sin pecado* y murió para salvarnos de los nuestros. Él no se habría dedicado a ningún placer carnal con el que pudiera comparar su amor por ella. No, ella encuentra su amor aún mucho mejor que el *buen* placer que esta vida tiene para ofrecer, incluso las cosas que no son pecaminosas o incorrectas. Así mismo, Él encuentra su afecto y devoción hacia ella, mejores que el vino. El Señor encuentra nuestro amor hacia Él más embriagador que el vino. La Escritura dice que Dios desea obediencia y lealtad más que el sacrificio (Oseas 6:6). Estoy convencido que si llegas a la revelación de que eres la niña de Sus ojos, y que a Él le enamora el amor que le expresas en respuesta al Suyo, te transformará y te sustentará de una forma tan profunda que no imaginas.

¿Qué significa esto y cómo se relaciona al hablar en lenguas?

EL AMOR DE DIOS ES UNA MOTIVACIÓN PARA OPERAR EN LOS DONES ESPIRITUALES

Ahora bien, hay diversidad de dones, pero el Espíritu es el

mismo. Pero a cada uno le es dada la manifestación del Espíritu para provecho (1 Corintios 12:4,7).

Jesús usará al Espíritu Santo para llevarnos a la madurez en el camino del amor. Algunas veces, en el Antiguo Testamento, el vino es utilizado simbólicamente para representar al Espíritu Santo. El tan citado pasaje de Efesios 5:17-21, no dice que el Espíritu Santo es vino o que ser llenos de Él es como estar embriagados con vino; en vez de eso, Pablo sugiere que cuando estemos llenos del Espíritu no actuaremos como borrachos, sino que haremos las cosas que enumera, como "dirigirnos unos a otros en salmos e himnos y canciones espirituales, cantando y alabando al Señor con nuestros corazones, dando siempre gracias por todo al Dios y Padre, en el nombre de nuestro Señor Jesucristo, sometiéndonos los unos a los otros en el temor de Dios".

En 1 Corintios 12, Pablo entra en detalles significativos sobre los dones del Espíritu Santo y su funcionamiento en el contexto de la iglesia. Con suerte, he hecho un trabajo decente explicando por qué estoy convencido de que la operación de los dones espirituales debe ser la norma para la iglesia contemporánea, y que son exactamente lo que se supone que es un don: algo que se nos da gratuitamente sin que nos lo ganemos. Al mismo tiempo, si las lenguas son fundamentales o básicas para la vida de la iglesia, entonces significa que no son la cúspide de la madurez espiritual, sino apenas un punto de partida. Pablo declara al final de 1 Corintios 12, "mas aun yo os enseño el camino más excelente" (12:31, JBS). "¿Un camino más excelente que cuál?"

La respuesta a esta pregunta se encuentra en el versículo 11: "Pero todas estas cosas las hace uno y el mismo Espíritu, repartiendo a cada uno en particular como él quiere". Muchos en la iglesia enfatizan los capítulos 12 y 14 pero omiten el capítulo 13, que comúnmente es llamado el "capítulo del amor". Mientras que otros, teniendo temor del mal uso de los dones espirituales, exageran el capítulo del amor, excluyendo los otros dos capítulos que lo acompañan. Tanto el amor como los dones son necesarios en la comunidad con otros cristianos. Pablo dijo:

> Si yo hablase lenguas humanas y angélicas, y **no tengo amor**, vengo a ser como metal que resuena, o címbalo que retiñe. Y si tuviese profecía, y entendiese todos los misterios y toda ciencia, y si tuviese toda la fe, de tal manera que trasladase los montes, y **no tengo amor, nada soy**. (1 Corintios 13:1-2).

Cuando aprendí español, empecé con conceptos básicos. Pero al madurar en mi entendimiento y uso del lenguaje, aún seguía necesitando de los conceptos básicos que aprendí al comienzo. No los dejé de lado ahora que había avanzado y hablaba español con más fluidez. Pasar a una comprensión más avanzada no significa que ya no necesite los aspectos básicos de este lenguaje. El español aparentemente básico, proporcionó un fundamento para las otras cosas que aprendería para dominar el idioma. Así mismo las habilitaciones espirituales menores o más básicas, están incluidas en las mayores, pero no son innecesarias.

Lo menor, en este caso, es que los dones se distribuyen como lo quiere el Espíritu, y la mayor obra es el amor. Pero repito, el mayor no anula ni elimina el menor. Es por amor que ministrarás con mayor eficacia en los dones espirituales. Madurar en el amor no significa que ya no necesites los dones; es todo lo contrario. Pablo no dijo: "*en lugar ello* yo os muestro un camino aún más excelente", sino que sus palabras fueron "más aún", como diciendo "además de". Esto cambia profundamente nuestro entendimiento tradicional. Los dos van juntos, Pablo dice que el amor es el cimiento del uso básico de los dones, no su reemplazo. Por eso, sigue escribiendo:

> Cuando yo era niño, hablaba como niño, pensaba como niño, juzgaba como niño; **mas cuando ya fui hombre, dejé lo que era de niño.** Ahora vemos por espejo, oscuramente; mas entonces veremos cara a cara. Ahora conozco en parte; pero entonces conoceré como fui conocido (1 Corintios 13:11-12).

Cuando somos niños en el Señor, es necesario que el Espíritu Santo distribuya los dones en nuestras vidas y en los miembros del cuerpo de Cristo, según considere conveniente. Cuando los niños son pequeños sus vidas necesitan más supervisión, aún de algunos buenos e "inofensivos" regalos que se les han dado. Por ejemplo, tal vez la hija de alguien recibió una computadora laptop o tableta con acceso a internet. La niña puede tener este regalo tecnológico en particular pero sus padres pondrán límites, tales como el tiempo permitido y quizá hasta un filtro en los sitios que visita. Pero a medida que pasa el tiempo y la niña madura (con suerte), se volverá más auto disciplinada y sabrá administrar bien su tiempo, aprendiendo a discernir como adulto. A medida que madura, demuestra ser fiel con lo que se le ha confiado y, gradualmente, necesitará menos y menos supervisión.

Quizá un día, la niña llegará a ser una gran vendedora a través de internet, completamente consciente de cómo usar su computadora con propósitos rentables en sus propias habilidades y talentos, y ya no sólo para juegos o chats con amigos. Podría terminar donando gran parte de sus ganancias a quienes tienen necesidad en otros lugares del mundo. Cuando oye hablar de los problemas que atraviesan las personas, puede escribir correos electrónicos para alentarlos. Ahora, madura y motivada por el amor, sabe *cómo* manejarse sin que sus padres la instruyan o le hagan sugerencias. La relación con sus padres no ha cambiado para nada. De hecho, todavía es su hija y ellos sus padres, pero han cambiado sus maneras infantiles y *no necesita la misma clase de participación* o monitoreo de su actividad en línea. Ahora que ella ha crecido, la relación con sus padres refleja una naturaleza más madura. Se puede confiar en que tome las decisiones correctas porque ya no es una niña de cinco años.

Me doy cuenta de que este ejemplo dista mucho de ser perfecto, pero deseo señalar que los dones del Espíritu son básicos en el nivel fundamental de nuestras vidas cristianas. No son el "lo sé todo y punto" o el signo de madurez espiritual, sino todo lo opuesto: son apenas el comienzo, un cimiento desde el que debemos avanzar a la madurez. Construimos sobre esa base. El libro entero de 1 Corintios muestra que las personas imperfectas, defectuosas y aún egoístas, pueden operar en las habilidades que el Espíritu les ha dado, y no significa que sean maduros o que caminan en amor hacia los demás. Ya hemos mencionado que nada en 1 de Corintios es profundo, como Pablo dijo, él les estaba dando leche, pues ellos no estaban listos para la carne. (1 Corintios 3:2).

La pastora en Cantar de Cantares dice que su amor (el de Cristo) es más excelente que el vino, lo que representa las cosas nobles y buenas en la vida, y puede aún referirse a las cosas inspiradas por el Espíritu Santo. Si hemos sido llenos del Espíritu Santo —como nuestro querido pasaje en Efesios 5 dice— no sólo estaremos cantando y alabando a Dios en nuestros corazones, sino que también estaremos "sometidos los unos a los otros en el temor de Dios" (Efesios 5:21). ¿Qué es la sumisión sino simplemente preferir y dar prioridad al prójimo más que a ti mismo, por el amor *ágape* derramado en tu corazón, como consecuencia de recibir continuamente la llenura del vino del Espíritu Santo? Ahora sí, ambos —"su amor es mejor que el vino" y "más aún yo os muestro un camino más excelente"— adquieren un significado más impactante e importante que antes.

No hay razón para que un seguidor de Cristo no hable en lenguas. Puede que no lo desees, o escojas continuar creyendo que no es necesario, pero no considero que las lenguas sean la evidencia principal de la llenura del Espíritu Santo en alguien. En algún punto, deberíamos dejar de hacerlo como un fundamento básico y avanzar haciendo otras cosas. Los bebés comienzan haciendo ruidos y formando silabas, y eventualmente crecen para tener conversaciones reales y, con suerte, para cuando sean adultos, no pensarán que el mundo gira alrededor de ellos.

¿Tú amas? Una de las evidencias reales de un creyente nacido de nuevo y verdaderamente lleno del Espíritu Santo es el *amor,* pero hablar en lenguas también. Es como comprar un auto. El vehículo es impulsado por el amor, pero el ruido del motor son las lenguas. Si estamos operando en toda clase de dones del Espíritu, pero no tenemos amor, es inútil y no somos nada (1 Corintios 13:1-2). Si el auto hace ruido pero no se mueve, entonces no sirve. Si somos constante y regularmente llenos del Espíritu Santo, no sólo se evidenciará por hablar en lenguas, profetizar, cantar salmos e himnos y esas cosas, sino que también nos someteremos los unos a los otros en el temor de Cristo.

Me atrevería a decirlo de esta manera: la evidencia *real* de estar llenos del Espíritu Santo es amarnos los unos a los otros, pero no a expensas de los dones, como las lenguas, sino por encima de este, incluyendo los dones. ¿Cómo sé esto? Juan escribe:

> Nosotros le amamos a él, porque él nos amó primero. Si alguno dice: Yo amo a Dios, y aborrece a su hermano, es mentiroso. Pues el que no ama a su hermano a quien ha visto, ¿cómo puede amar a Dios a quien no ha visto? (1 Juan 4:19-20).

Puedes estar haciendo mucho alboroto santo y luego darte vuelta y decir chismes de tu hermano en Cristo. Juan, el hombre que se identificó así mismo como "el discípulo que Jesús amaba" en todo su evangelio, tuvo algunas cosas muy serias que decir en su epístola hacia el final del Nuevo Testamento, sobre no caminar en amor.

Debemos recordar algunas cosas sobre el apóstol Juan —él tuvo una revelación del amor de Dios que obviamente afectaría su perspectiva. Al final de su evangelio, dijo que si todas las obras que Jesús hizo se hubieran escrito, no cabrían los libros en el mundo (Juan 21:25). Por lo tanto, lo que tenemos escrito en nuestro canon de la Escritura no contiene ninguna página desperdiciada. Todo está divinamente arreglado para estar allí por una razón particular. Juan vivió hasta su edad avanzada y muchos sostienen que escribió esta y sus otras dos epístolas hacia el final de su vida, incluso después de escribir la revelación (Apocalipsis) que recibió cuando estuvo exilado en la isla de Patmos.

Si Juan se tomó el tiempo de redactar estos cinco capítulos (1 de Juan) después de décadas de ministerio, quiere decir que las cosas que escribió *deben* ser algunas de las más importantes que sintió que valía la pena compartir con el destinatario de esta carta y la iglesia. Por lo tanto, es sabio para nosotros tomar sus palabras seriamente, meditarlas y reflexionarlas desde la perspectiva de quien escribió. ¡Necesitamos la perspectiva del que conoció su identidad en la Novia de Cristo!

¿Y cómo sé que todo este asunto del "vino del Espíritu" y "ser llenos, amarnos y someternos unos a otros" se relaciona con el paradigma nupcial? Porque el resto de Efesios 5 lo dice así:

> Las casadas estén sujetas a sus propios maridos, como al Señor; porque el marido es cabeza de la mujer, así como Cristo es cabeza de la iglesia, la cual es su cuerpo, y él es su Salvador. Así que, como la iglesia está sujeta a Cristo, así

también las casadas lo estén a sus maridos en todo (Efesios 5:22-24).

Algunas veces realmente odio los saltos del capítulo y los títulos que los editores de nuestras traducciones bíblicas ponen allí, porque los manuscritos originales no estaban divididos en capítulos y versículos, y ciertamente no tenían encabezados de tema como muchas de las Biblias lo tienen hoy. Digo que me molesta porque, si bien a veces ayudan a encontrar pasajes específicos y parábolas cuando leemos, algunas veces inadvertidamente le dan al lector la impresión de que empieza un nuevo tema. Sin embargo, en este caso, es una parte del mismo flujo de pensamiento que tuvo el autor. Pablo sigue diciendo:

> Así también los maridos deben amar a sus mujeres como a sus mismos cuerpos. El que ama a su mujer, a sí mismo se ama. Porque nadie aborreció jamás a su propia carne, sino que la sustenta y la cuida, como también Cristo a la iglesia, porque somos miembros de su cuerpo, de su carne y de sus huesos (Efesios 5:28-30).

Si verdaderamente hemos nacido de arriba y somos llenos del Espíritu Santo, vamos a honrar y respetar la novia de Cristo —la Iglesia y sus miembros— de la forma en que la esposa debe respetar a su esposo. Si respetamos a Cristo como respuesta a la forma en que nos ama, no haríamos nada que pueda lastimar a Su novia, de la que también somos parte. Daríamos nuestra vida por el prójimo, alentaríamos en lugar de chismosear, nos someteríamos unos a otros y tendríamos en más estimas a los demás que a nosotros mismos. Nuestra habilidad de hablar en lenguas, aunque la tengamos, no significa nada si no nos sometemos unos a otros en amor y le damos prioridad a las necesidades de los demás sobre las nuestras. Es sólo el comienzo. Cuando nos sometemos a los demás en el temor de Cristo, para Él es mejor que el vino.

Pablo terminó el capítulo del amor escribiendo: "Y ahora permanecen la fe, la esperanza y el amor, estos tres; pero el mayor de ellos es el amor" (1 Corintios 13:13). Este es un camino más excelente. ¡Habla mucho en lenguas, pero no te detengas allí! Es apenas el comienzo del camino del amor.

APÉNDICE 1

ORACIÓN PARA RECIBIR EL BAUTISMO DEL ESPÍRITU SANTO

Primero, déjame decirte que no hay un modelo específico que debas seguir para recibir el bautismo del Espíritu Santo. No es que "no pasará nada" o "Dios te lo negará" si dices las palabras incorrectas, lo dudo. Dios oye el clamor de tu corazón y responde a quienes lo buscan, así que no se trata tanto de las palabras que oras, sino de que estás buscando que Dios te llene con Su Espíritu, lo cual Él se deleita en hacer.

He orado con amigos a través de mensajes textos escribiendo mis oraciones por ellos y recibieron el bautismo del Espíritu Santo. Supe de otros que estaban dormidos, se despertaron e inmediatamente fueron bautizados y hablaron en lenguas. También oré por otros a través del teléfono, Skype y otras tecnologías. Generalmente prefiero imponer las manos sobre las personas y animarlos al orar por ellos, ¡no hay limitaciones para que el Espíritu Santo te llene! Sin mencionar que recibir este precioso don del Señor es un asunto *realmente* simple.

Ora conmigo hoy:

> Querido Padre Celestial,
>
> Tu Palabra dice que eres fiel para dar el Espíritu Santo a quienes lo piden. Así que en el Nombre de Jesús, te pido por favor que me llenes con tu Espíritu Santo. Te agradezco por darme una nueva lengua junto con la llenura. Creo y lo recibo ahora. Gracias por este maravilloso don.
>
> Amén

Ahora mientras las nuevas silabas comienzan a levantarse dentro de tu espíritu interior, te verás tentado a ignorarlas y a esperar que suceda algo más espectacular. Pero en realidad es así de simple. Si estás haciendo esta oración por ti mismo, tienes el beneficio adicional de no estar tentado a simplemente repetir lo que otra persona está diciendo u orando. Puedes sintonizar ese lugar en tu espíritu interior donde el Espíritu Santo está trayendo el nuevo lenguaje y simplemente ceder a él. Comienza a decir esas palabras que no entiendes con tu mente, pero que sabes que el Espíritu Santo las está haciendo nacer.

Puede sonar tonto. Realmente, te garantizo que sonará tonto. Al principio, sonarás como un bebé. Mientras más continúes hablando esas palabras, más fluirá de tu espíritu, llegará a ser más natural y te encontrarás cada vez más fluido en tu nueva lengua de oración. Te animo a que dediques varios minutos hablando esta nueva lengua para que puedas ver por ti mismo no sólo cuán fácil es, sino también cuán natural es.

Ahora, empieza a orar mucho en el Espíritu Santo, y hazlo seguido. Tu vida nunca más será la misma.

APÉNDICE 2

CÓMO GUIAR A ALGUIEN AL BAUTISMO DEL ESPÍRITU SANTO

El siguiente, es un folleto que mi amigo y profesor de la Escuela de Ministerio FIRE, Brian Parkman, les da a los estudiantes en sus clases del Espíritu Santo. Si aún no eres bautizado en el Espíritu Santo, o crees que sí, pero aún no hablas en lenguas, esto te ayudará a instruirte en cómo recibir el bautismo del Espíritu Santo.

Le hice algunos cambios para que se integre más fluidamente al formato del libro. Aquí encontrarás algunas cosas que ya mencionamos en capítulos previos, pero es para que esta sección del libro esté completa y si quieres, puedas ponerlo en tu celular o dispositivo móvil y lo uses para ministrar el bautismo del Espíritu Santo a alguien.

La fe comienza donde se conoce la voluntad de Dios. El propósito de ministrar en esta forma es que la fe de una persona sea construida en un fundamento apropiado de las Escrituras sobre la voluntad de Dios respecto a la llenura del Espíritu Santo. Antes que puedas hacer que una persona reciba, tienes que llevarlos a escuchar lo que la Palabra de Dios dice sobre el bautismo del Espíritu, así sabrán dos cosas: lo que pueden esperar de Dios y lo que Dios espera de ellos.

También intento hacer que olvidaran todo lo que escucharon o se les haya enseñado hasta ese momento sobre cómo recibir el bautismo del Espíritu Santo. Si lo que han oído o se les ha enseñado hubiera sido correcto, ahora no me estarían pidiendo que orara por ellos.

Es importante hacerles entender que no le están pidiendo a Dios que les dé el Espíritu Santo, sino que están orando para *recibirlo*. El Espíritu Santo fue enviado en el día de Pentecostés. Dios no lo devolvió al cielo después de ese día para derramarlo de nuevo repetidamente en las personas que lo pidan. Dios ya lo dio. Simplemente estás enseñándoles cómo recibirlo. Ellos no tienen que rogar. De hecho, si comienzan a mendigar, entonces están poniendo toda la responsabilidad en Dios. Pero Él ya se los ha dado. Otra vez, depende de ellos recibir lo que ya fue dado. Uso de ejemplo alguien que les da un vaso de agua. Simplemente toman el vaso y beben. Ser llenos del Espíritu Santo es tan fácil como tomar agua cuando tienes sed.

Otra cosa, y esto puede ser muy obvio, pero asegúrate de que son salvos. Hubo momentos en los que asumí que eran salvos, y no lo eran. Pregúntales. Si estás ministrando a un grupo de personas, haz lo mismo con todo el grupo.

Diles que aquí no están buscando las lenguas; que van a ser llenos del Espíritu Santo. Las lenguas son sólo una evidencia del poder que recibirán a través de la llenura del Espíritu Santo. Cuando enciendo un auto, puedo oír el motor funcionando, pero ese sonido no es lo que busco –es sólo la evidencia de que el poder está activo y que el motor está funcionando.

Cuando intentas ayudar a las personas a recibir, supera siempre toda objeción, corrige cada error y remueve toda piedra de tropiezo. ¿Por qué? Porque la gente tienen muchos conceptos erróneos y enseñanzas incorrectas sobre el bautismo del Espíritu Santo. Y es obvio si han estado buscando el bautismo por un tiempo, de lo contrario ya hubieran sido llenos del Espíritu Santo.

Los tres obstáculos principales que encuentro que impiden a las personas recibir, son:

1. No creer en el bautismo del Espíritu Santo (incredulidad).
2. Pensar que el Espíritu Santo los va a tomar, controlar, hacerles hablar, o que hablará a través de ellos (error).
3. Esperar una asombrosa experiencia sobrenatural (piedra de tropiezo).

Ya sé que estas son áreas donde más problemas tienen, así que me ocupo de estos asuntos cuando los atiendo antes de orar por ellos. Las Escrituras en Hechos se usan para aclararles que cada vez que las personas fueron llenas del Espíritu Santo, hablaron en lenguas.

En Hechos 2:1-4 *todos* los reunidos allí fueron llenos y también comenzaron a *hablar en otras lenguas*. Haz énfasis en *todos* y en *ellos hablaron*. *Todos* fueron llenos y todos comenzaron a hablar en lenguas ¿Quiénes hablaron? *Ellos* comenzaron a hablar, no el Espíritu Santo. El Espíritu les daba que hablasen o la unción. Es el Espíritu quien da las palabras o unción, pero es el individuo quien habla. El Espíritu Santo no habla en lenguas –*Tú lo haces*. Recuérdales 1 Corintios 14:14: "Porque si yo oro en lengua desconocida, mi espíritu ora…" *Mi* espíritu ora, no el Espíritu Santo.

En este punto uso una ilustración para ayudarles a entender cómo hablar y ceder al Espíritu Santo. Mucha gente piensa que el Espíritu Santo viene, los toma y les hace hablar o habla a través de ellos. Él no habla, sólo te da la unción o inspiración para que *tú* hables. Él nos inspira a hablar, pero no lo hace por nosotros. Es el individuo quien habla.

No es como si alguien agarrara una radio encendida a todo volumen, se lo tragara y ahora con sólo abrir la boca habla por ti. No, *tú* tienes que hablar. Tienes que usar *tus propias* cuerdas vocales, tu propia lengua, tu propio aire, y tu propia boca, y hablar como lo haces en tu idioma natural. Sin embargo, en lugar de hablar la lengua que conoces, hablas lo que Él te inspira que hables. Tú hablas pero Él te da la unción, la expresión o la inspiración.

Si sé que fueron salvos hace ya algún tiempo, puedo usar esta ilustración al preguntar: ¿Te ha pasado que le estás hablando a alguien del Señor y el Espíritu Santo comienza a inspirarte qué decirle? Pensaste: "Ese no fui yo. Las cosas empezaron a salir de mi boca y ni siquiera había pensado en decirlas antes de ese momento". El Espíritu Santo te inspiró, pero Él no habló por ti. Tú hablaste. Él te dio la inspiración. Así es como opera el bautismo en el Espíritu Santo.

En Hechos 10:44-46 leemos cómo el Espíritu Santo cayó sobre quienes *escucharon la Palabra,* entonces los oyeron *hablar en lenguas.* Muéstrales los antecedentes de la historia de Pedro cuando fue enviado a Cornelio. Diles que ellos están escuchando la Palabra y cuando ores por ellos, también hablarán en lenguas.

En Hechos 19:1-6 Pablo les impuso las manos a algunos de los discípulos de Juan. El Espíritu Santo vino sobre ellos y hablaron en lenguas. Otra vez, simplemente les estás permitiendo ver que cuando el Espíritu Santo vino sobre los discípulos de Juan hablaron en lenguas. Diles, "Cuando yo imponga las manos en ustedes, el Espíritu Santo vendrá sobre ustedes y también hablarán en lenguas".

En Lucas 11:9-13 Jesús dijo que si pedimos, recibiremos. Si nosotros, siendo malos, les damos a nuestros hijos lo que piden, ¿cuánto más nuestro Padre Celestial nos dará el Espíritu Santo si se lo pedimos? Recibirás lo que pidas. No obtendrás un espíritu maligno, sino al Espíritu Santo.

Luego, lidia con el obstáculo de esperar que ocurra una experiencia sobrenatural alucinante. Diles: "Esa es la excepción, no la regla". Usa la salvación de Pablo como un ejemplo. Esta fue una experiencia espectacular de conversión. Pero la forma en que él fue salvo fue una excepción, no la regla de cómo pasa con cada individuo. Si alguien más ha estado esperando una experiencia de salvación como esta, puede que nunca sea salvo. Diles que probablemente no sientan nada. Posiciónalos para recibir por fe y no por sentimientos. Si sienten algo, es sólo el aderezo.

Luego paso por este escenario: "Cuando te imponga las manos y te diga que recibas el Espíritu Santo, como un acto de fe, cierra tus ojos, abre tu boca, respira profundo, y en tu mente observa al Espíritu Santo viniendo sobre ti y llenándote. Cuando exhales, empieza a hablar lo que el Espíritu Santo te está dando".

Después haz que repitan una oración luego de que le pidas a Jesús que los llene con el Espíritu Santo. Al final de la oración, hazlos repetir: "Cuando me impongan las manos, yo hablaré en lenguas". Entonces diles que reciban el Espíritu Santo imponiendo las manos en ellos. Deben levantar sus manos como les instruiste y respirar, y deberían empezar a hablar en lenguas.

Cuando les impongas manos y les digas que reciban, comienza a orar en lenguas mientras reciben. Puede que tengas que animarles un poco durante ese momento. Algunas veces comenzarán a orar en español (o la que sea su lengua nativa), entonces anímales a no orar en su idioma, pues no pueden hablar dos lenguas al mismo tiempo. Diles que no digan nada sino lo que el Espíritu les está inspirando a decir.

Una vez recibieron, ocúpate de las inquietudes que puedan tener. La más frecuente es pensar: "Sólo era yo quien estaba hablando en lenguas". Después que hayan orado en lenguas por un rato (déjalos orar por unos minutos y ora en lenguas con ellos) y se han detenido, diles algo como: "Ahora lo primero que vas a pensar es que sólo fuiste tú. Bien, fuiste tú. ¿Recuerdas lo que vimos en Hechos 2? Decía 'ellos', es decir, los que estaban en el aposento alto comenzaron a hablar en lenguas. Pero el Espíritu es Quien te inspiró. Así que fuiste tú hablando en lenguas, pero fue el Espíritu Santo quien te estaba inspirando qué decir. En 1 Corintios 14:14 dice, 'Porque si *yo* oro en lengua desconocida, mi espíritu ora'. Así que es *tu* espíritu orando, no el Espíritu Santo".

A medida que adquieras experiencia, podrás juzgar cada situación separadamente, y tal vez no tengas que ir a través de todos los pasos que puse en este tratado. La parte más importante es el error número dos y usar la ilustración de la radio, mencionada anteriormente. El mayor obstáculo es pensar que el Espíritu Santo vendrá sobre ellos, los controlará y les hará hablar, cuando en realidad ellos tienen que ceder al Espíritu Santo y ser quienes hablan realmente. En la mayoría de las ocasiones que he ministrado, esta es la razón principal por la que no habían recibido.

Otra cosa que haré después de lidiar con la idea de que fueron "sólo ellos", es hacerles orar en lenguas otra vez mientras yo oro con ellos. Es para hacerlos sentir más cómodos con su lenguaje de oración y para mostrarles que pueden ceder al lenguaje de oración en cualquier momento que quieran. Pablo dijo en 1 Corintios 14:15: "Oraré con el espíritu, pero oraré también con el entendimiento". En otras palabras, ceder al Espíritu Santo en cualquier momento que deseen, es un acto de su voluntad.

RECONOCIMIENTOS

Sentí que sería inapropiado no tomarme un momento para agradecer a la cantidad de amigos y voluntarios que ayudaron a hacer de este libro lo que es hoy. Soy consciente que no podré agradecer a cada uno de los que hicieron que este proyecto se realizara, así que espero no ofender a nadie que, sin intención, deje fuera de mi agradecimiento. Simplemente son demasiados para enumerar en una lista y agradecerles uno por uno.

Al escribir un libro sobre hablar en lenguas, sería un gran error no agradecerle exclusivamente a Brian Parkman, por todas las semillas sobre este tema que plantaste en mi espíritu, así como en el Colegio Bíblico y en horas de llamadas a través de los años. Mucho de lo que enseñé a otros y escribí en este libro, nunca hubiera sido posible sin tu influencia. Gracias por estar disponible en distintas horas del día para atender mis

RECONOCIMIENTOS

preguntas a través de Skype. Estoy especialmente agradecido por tu contribución al escribir un capitulo conmigo y permitirme usar tu folleto de clase como un apéndice.

También le agradezco a Joel Crumpton, no sólo por enseñarme tanto sobre el tema, sino también por responder mis interrogantes y darme tus opiniones cuando las pedí, así como por haber estado dispuesto a enseñar con capacitación práctica en las calles de Charlotte, North Carolina. A ti y a Brian les debo mucho de lo que creo y vivo, ¡Ambos son grandes hombres de Dios! Sólo el Señor sabe la cantidad de personas que fueron bautizadas en el Espíritu Santo y hablan en lenguas a través de mi ministerio, que les atribuyo a ustedes.

Al Dr. Stephen Crosby, por estar dispuesto a aparecer en mi podcast y compartir tu conocimiento y citas en Tweeter. Y no solamente eso, también por querer echarle un vistazo a mi enredado manuscrito y darme tus invaluables conocimientos que fortalecieron este trabajo con más profundidad y amplitud, haciéndolo más poderoso teológicamente cuando y donde hacía falta.

Ciertamente no quiero olvidarme de agradecer a Roy Farías por la tremenda edición que hizo en este proyecto. Me has ayudado a llevar este libro a otro nivel de una manera que para mí hubiera sido posible sólo en sueños. ¡Cada autor necesita un Roy Farías! Y también quiero agradecer a quienes me alentaron a usar mi don de escribir y me hicieron pensar "¿Por qué no?" cuando se trató de publicar un trabajo como este.

Por supuesto, he tenido muchos voluntarios y amigos que corrigieron y revisaron el manuscrito en varias etapas, y a cada

RECONOCIMIENTOS

uno de ustedes les estoy eternamente agradecido. Le quiero dar las gracias a Royce Tyler por ser el primero en responder y contactarme dándome comentarios constructivos cuando anuncié en las redes sociales que buscaba correctores de pruebas. Te dije que te mencionaría en mi próximo libro. Quiero agradecerle a Kathryn Hughey, por auxiliarme siempre con la edición mi trabajo, y ayudarme a entender el extraño mundo de las comas. Gracias a Seth Roach, por alentarme constantemente en mis escritos y podcasts, y por tener siempre palabras increíblemente oportunas. Has sido un ejemplo para mí de lo que puede suceder cuando los creyentes ponen en práctica las cosas que el Espíritu muestra a través de este libro. Estoy muy afortunado de conocerte. Un agradecimiento especial a Brad Herman, por creer en este libro. Tampoco quiero dejar de reconocer y agradecer al equipo de Destiny Image, por tomar este libro y hacer un milagro con él.

Y quiero darle las gracias a mi esposa, Lili, no sólo por aceptar casarse conmigo, sino también por darme el espacio esas veces que la unción para escribir "venía sobre mí" y necesitaba estar a solas para trabajar. Dios te ha dado mucha paciencia y fortaleza, y estoy extremadamente feliz de tenerlas a ti y a Jemina en este viaje.

Y para terminar, no quiero (obviamente) dejar fuera de todo este agradecimiento a mi Señor y Salvador, Jesucristo. Te lo debo todo.

SOBRE STEVE BREMNER

Steve Bremner es un misionero en Perú graduado de la Escuela de Ministerio FIRE. Tiene carga por darles a las personas un fundamento en la Palabra de Dios y ver a los creyentes con todo tipo de antecedentes, experimentar el poder del Espíritu Santo y el amor de Dios en sus vidas y ministerios.

Steve también piensa que es pretensioso cuando los autores escriben sus propias biografías refiriéndose a sí mismos en tercera persona. Yo –quiero decir *él*– sirvió en Holanda por casi dos años antes de mudarme a Suramérica. El don de enseñanza y un corazón pastoral es lo que caracterizan el llamado de Steve, y en Perú ha tenido oportunidades de enseñar en un seminario local, compartir el amor de Cristo con algunos de los desamparados, y viajar a los barrios marginados fuera de Lima, capital de la nación, para enseñar y servir conjuntamente con otros ministerios establecidos. Actualmente vive en Chorrillos, y es parte de una comunidad misionera llamada Oikos, donde enseña a tiempo completo en su escuela ministerial.

Steve es canadiense (no se avergüenza de ello) y fue enviado por River Run Fellowship, en Peterborough, Ontario. Eso es en Canadá, para quienes necesiten aclaración. Si no fuera por su congregación en casa y su líder principal, Stephen Best, nunca hubiera ido a Perú, donde está comenzando a ver lo que Dios está haciendo y que apenas imaginó y soñó.

Al igual que otros autores, Steve y Lili Bremner, usan las ganancias de las ventas de este libro para financiar su discipulado en Perú. Tu compra de este libro es muy apreciada y si lo disfrutaste, te invitamos a adquirir también otros de sus títulos. Una de las formas de ayudar que no requiere tu dinero, es escribiendo un comentario de este libro en la tienda en línea en la que lo compraste y recomendarlo a otros.

FIRE ON YOUR HEAD PODCAST

Si el Internet hubiera estado disponible para el apóstol Pablo, él lo hubiera usado para hacer que la Palabra de Dios estuviera disponible para tanta gente como fuera posible. Por esta razón, Steve patrocina y produce el podcast *Fire on Your Head*, conjuntamente con otros contribuyentes de *Fire Press* –una revista cristiana en línea que fundó en 2008, donde actualmente sirve como editor senior, y donde ha pasado años perfeccionando sus habilidades de escritura.

Puedes suscribirte al podcast *Fire on Your Head* en iTunes y otros programas populares como Stitcher Radio, o directamente puedes visitar el sitio en www.fireonyourhead.com

ASÓCIATE CON NOSOTROS

Si este libro impactó tu vida en alguna manera y te gustaría hacer una donación para sembrar directamente a Steve y Lili Bremner en el campo misionero en Perú, por favor sigue las siguientes instrucciones:

En USA, cheques a nombre de:

WORLD OUTREACH CENTER
PO Box 3478,
Fort Mill, SC 29708

Por favor, indica que es para los Bremners/Peru.

Si quieres donar en línea, por favor visita:

http://www.worldoutreachcommunity.org.

ASÓCIATE CON NOSOTROS

¡Gracias por tu ánimo y apoyo!

www.ingramcontent.com/pod-product-compliance
Lightning Source LLC
Chambersburg PA
CBHW070134080526
44586CB00015B/1693